Elisabeth Frenzel

Vom Inhalt der Literatur

Stoff – Motiv – Thema

Herder Freiburg · Basel · Wien

Das Einbandbild zeigt Siegfrieds Tod aus dem Hundeshagenschen Kodex, der sich in der Staatsbibliothek Berlin befindet.

Alle Rechte vorbehalten – Printed in Germany
© Verlag Herder Freiburg im Breisgau 1980
Herstellung: Freiburger Graphische Betriebe 1980
ISBN 3-451-17402-2

Inhalt

Vorwort

Unter dem Titel „Motive und Stoffe" war dem Sammelband
„Die Literatur" (1973) die wissenschaftliche Disziplin der
sog. Stoff- und Motivgeschichte eingegliedert worden. Der
Titel „Vom Inhalt der Literatur", unter dem sie jetzt als Teil
der Reihe „studio visuell Literatur" nach der Konzeption des
Verlages über die Grenzen der Fachwelt hinaus an alle ernsthaft Interessierten herangetragen wird, läßt eine gewisse
Neuorientierung des Forschungszweiges erkennen. Die
Stoff- und Motivgeschichte ist als Disziplin rund hundert
Jahre alt und war in ihren Anfängen eine spezifische Domäne
deutscher Forschung. Die sog. geistesgeschichtliche Richtung der Literaturwissenschaft, der New Criticism und die
werkimmanente Interpretation haben sie durch ihre ab-
wertende Kritik etwa vierzig Jahre lang an den Rand literar-
wissenschaftlicher Arbeit gedrängt. In den letzten zwanzig
Jahren jedoch nahm sie einen unerwarteten, sich auf inter-
nationaler Basis vollziehenden Aufschwung, der sich auch
in einer gewissen Popularisierung durch Anthologien stoff-
gleicher oder motivgleicher Dichtung für den Gebrauch von
Schulen und Proseminaren und sogar durch entsprechende
Schallplatten niedergeschlagen hat. Die so gewonnenen
neuen Aspekte von Literatur kritisch zu unterbauen, könnte
dieses Buch geeignet sein. Zielsetzung und Zeitpunkt des
Unternehmens forderten auch zu dem Versuch heraus, das
Spezialgebiet der Stoff- und Motivgeschichte in den oben
angedeuteten größeren Zusammenhang der Inhaltsforschung
zu stellen und die Darstellung der mehr an Gegenstände,
Personen und Sachverhalte gebundenen Strukturelemente
Stoff und Motiv durch die des schwerer faßbaren, weil indi-
viduelleren und abstrakten Elements Thema abzurunden.
In dieser Richtung ist wohl ein Landgewinn zu verbuchen,
der bei künftiger Arbeit im Auge zu behalten sein dürfte.

Berlin, im Mai 1980   Elisabeth Frenzel

Motiv-, Stoff- und Themenforschung

Form-Inhalt-Problem und literaturwissenschaftliche Analyse

Wer einzelne Elemente eines komplexen Gebildes untersuchen und beschreiben will, muß sie notwendig aus dem Komplex lösen und isolieren. Er nimmt dabei in Kauf, daß er andere und möglicherweise gleichwertige Elemente aus seiner Betrachtung ausscheidet und so nur ein Teilergebnis liefern kann, das der Ergänzung bedarf, um das Gesamt des vielseitigen Phänomens darzubieten. Solange der Betrachtende sich dieses Bruchstückhaften seines Unternehmens bewußt ist, dürfte es um der dafür erreichten größeren Intensität willen zu rechtfertigen sein. Wenn im folgenden *Inhalts- oder Gehaltsästhetik* betrieben wird, so nicht deshalb, weil sie als einziger oder doch führender Aspekt der Literarästhetik angesehen wird, sondern lediglich deshalb, weil die arbeitsteilige Anlage dieser Buchreihe Einschränkung und Abgrenzung der einzelnen Arbeitsgebiete verlangt.

In zwei Aussprüchen *Goethes* zu dem anstehenden Problem sind mit Selbstverständlichkeit drei Strukturelemente genannt, die er als die für literarische Kunstwerke konstituierenden ansah und die auch die moderne Literaturbetrachtung als eine Grundkonzeption übernahm: Stoff, Gehalt, Form.

> **Goethe in „Noten und Abhandlungen zum besseren Verständnis des West-östlichen Divan":**
>
> Die Besonnenheit des Dichters bezieht sich eigentlich auf die Form, den Stoff gibt ihm die Welt nur allzu freigebig, der Gehalt entspringt freiwillig aus der Fülle seines Innern, bewußtlos begegnen beide einander, und zuletzt weiß man nicht, wem eigentlich der Reichtum angehöre. Aber die Form, ob sie schon vorzüglich im Genie liegt, will erkannt, will bedacht sein, und hier wird Besonnenheit erfordert, daß Form, Stoff und Gehalt sich zueinander schicken, sich ineinander fügen, sich einander durchdringen.
>
> **Goethe in „Maximen und Reflexionen" Nr. 426:**
>
> Den Stoff sieht jedermann vor sich; den Gehalt findet nur der, der etwas dazu zu tun hat, und die Form ist ein Geheimnis den meisten.

Der *Stoff*, also die Gesamtheit der in einem Werk aufscheinenden Gegenstände und Sachverhalte, und der *Gehalt*, also der im oder besser durch das Werk mitgeteilte Sinn, begegnen einander „bewußtlos", während in der *Form* das eigentliche Problem der Gestaltung liege: sie sei zwar Sache der Genialität des Autors, wolle jedoch außerdem „erkannt" und „bedacht" sein, erfordere „Besonnenheit", also auch die Kraft der Ratio. Wegen dieser hohen Anforderungen bleibe sie den meisten, den Produzenten wie den Rezipienten, „ein Geheimnis".

Da die folgende Darstellung der inhaltlichen Qualität von Literatur und deren Aufbau vom Motiv über den Stoff zum Gehalt gewidmet ist, gerät sie notwendigerweise in das Spannungsfeld von Form und Inhalt. Das oben angeführte, sich aus dem rein praktischen Zwang der Arbeitsteilung ergebende Argument zur Rechtfertigung einer einseitigen Betrachtungsweise wäre nicht stichhaltig, wenn es nicht eine annähernde Stütze im Charakter des untersuchten Gegenstandes selbst fände. Es muß daher dargelegt werden, in welchem Verhältnis die verschiedenen Strukturelemente von Dichtüng zueinander stehen und wie das in dieser Darstellung primär nicht behandelte Strukturelement Form in seiner Bedeutung und Funktion dennoch wenigstens am Rande ins Bild treten kann.

Es ist rasch einsehbar, daß das Verhältnis von Inhalt und Form im Kunstwerk keineswegs dem in der gegenständlichen Welt entspricht: Den Inhalt einer Kuchenform, eines Kruges oder einer Büchse kann man ausschütten oder herausnehmen und erhält ihn dann unbeschädigt und pur. Inhalt und Form des Kunstwerks dagegen sind so verschmolzen, daß sie für sich allein nicht bestehen können. Um den realen Grundriß eines Gebäudes, also ein formales Element, aus dem Gesamt zu eliminieren und greifbar zu machen, müßte man das Gebäude abtragen und damit dessen „Inhalt" samt seiner Form zerstören. Als „reine" Form ist lediglich die der Realität des Baus vorausgehende oder von ihr abstrahierte Zeichnung des Grundrisses auf dem Papier denkbar, so wie man die Form eines Verses oder den Bau einer Strophe durch Chiffren auf dem Papier angeben kann, aber das inhaltslose, gewissermaßen „leere" Chiffren-Schema ist nicht der Vers und nicht die Strophe. Auch die Strukturen des literarischen Inhalts kann man abstrahierend als Schema zu Papier bringen, aber das Wesentliche des literarischen Kunstwerks ist damit nicht erfaßt, nicht das der Gattung und nicht das des je einzelnen Werks. Inhalt ist ebensowenig „rein" vorstellbar wie Form. Die sogenannte *Inhaltsangabe*, die ja eine Art Abstraktionsversuch, einen „Abstract", darstellt, ist immer nur ein Notbehelf, der unzulänglich bleiben muß und am Wesen sogar des Inhalts selbst, vielmehr noch an dem der gesamten poetischen Produktion, vorbeigeht. Das Verfahren des „Plots", einer ursprünglich im Bereich des englischen Theaters der Shakespearezeit verwandten detaillierten Ablaufskizze zum

Plot, ursprünglich im englischen Theater eine auf Grund des „book", d.i. des Bühnenmanuskripts, angefertigte, an einem Pflock an die Wand zu hängende Ablaufskizze, die Szene für Szene die auftretenden Personen, auch entsprechende Abgänge von der Bühne und gelegentlich Requisiten sowie Geräusche verzeichnete; heute: the plain, scheme or main story of a play, novel, poem or short story.

Gebrauch der Schauspieler und Regisseure, findet heute am prägnantesten Verwendung bei den Inhaltsangaben von Opern, mit denen viele Programmhefte die Opernbesucher durch die Handlung führen, deren sprachlicher Teil im Gesang oft unverständlich bleibt. Diese Angabe des rein äußerlichen Handlungsfadens ist genauso torsohaft wie die des entgegengesetzten Verfahrens der äußersten Verknappung des Inhalts durch Herausarbeitung der sog. „Fabel": Sie konzentriert das Geschehen auf den Handlungskern, liefert auch Elemente des „Gehalts" mit, folgt nicht der künstlerischen Ordnung des Gefüges, sondern der natürlich-kausalen, so daß sie die Reihenfolge der Handlungselemente ändern kann und nach eigener Logik wieder aufbaut. Vergleicht man Inhaltsangaben des gleichen literarischen Werks in verschiedenen Handbüchern, so können diese, zwischen der Verfahrensweise des „Plots" und der „Fabel" schwankend und häufig eine Synthese anstrebend, bis zur völligen Inkongruenz voneinander abweichen. Mit Stoff und Gehalt zugleich auch die Form und Gestalt zu vermitteln, den je einmaligen Ausdruck dessen, was der Autor in seinem Werk sagen wollte, scheint unmöglich. Er wird durch das Werk vermittelt und ist auf keine andere Stufe der Vermittlung projizierbar. Aus dieser Sachlage erklärt sich die kritische Ablehnung *Leo Tolstojs*, den Inhalt seines Romans „Anna Karenina" wiederzugeben:

Fabel, 1. kurze episch-didaktische Gattung der Tiergeschichte, 2. eine abstrahierende Zurückführung des Inhalts dramatischer und epischer Dichtungen auf die wesentlichen Punkte des Handlungsgerüstes.

Tolstoj, *Lev Nikolaevič* Graf (1828–1910), russischer Dichter und Moralphilosoph, neben Dostoevskij Hauptvertreter des realistisch-psychologischen russischen Romans.

Belletristische Hauptwerke: Sevastopol, Erzählungen 1855/56; Krieg und Frieden, Roman 1864–69; Anna Karenina, Roman 1873–77; Die Kreutzersonate, Erzählung 1889; Auferstehung, Roman 1899; Der lebende Leichnam, Drama 1911.

Lev Nikolaevič Tolstoj an Nikolaj Strachov, 23. April 1876:

...Wenn ich mit Worten alles das sagen wollte, was ich mit dem Roman auszudrücken beabsichtigte, müßte ich den ganzen Roman, so wie ich ihn geschrieben habe, noch einmal schreiben. Auch wenn kurzsichtige Kritiker sich irren. In allem, fast in allem, was ich geschrieben habe, hat mich das Bedürfnis geleitet, Gedanken zu sammeln, die, um Ausdruck zu finden, miteinander verkettet waren; aber jeder Gedanke, den man einzeln mit Worten ausdrückt, verliert seinen Sinn, wird schrecklich herabgesetzt, wenn man ihn aus jener Verkettung, in der er sich befindet, herausreißt. Diese Verkettung selbst wird nicht von einem Gedanken gebildet (glaube ich), sondern von etwas Anderem, und die Grundlage dieser Verkettung unmittelbar mit Worten auszudrücken, ist gänzlich unmöglich; das kann man nur mittelbar – indem man mit Worten Gestalten, Handlungen und Situationen beschreibt.

.....

Es ist wahr, daß jetzt 9/10 alles Gedruckten Kritik ist, daß für die Kunstkritik Leute unentbehrlich sind, die zeigen, daß es unsinnig ist, Gedanken in einem Kunstwerk aufzuspüren, und die die Leser beständig durch jenes endlose Labyrinth von Verkettungen leiten, auf dem auch das Wesen der Kunst beruht, und sie zu jenen Gesetzen führen, die diesen Verkettungen als Grundlage dienen.

Und wenn die Kritiker jetzt schon begreifen und in einem Feuilleton das ausdrücken können, was ich sagen will, dann kann ich ihnen nur gratulieren und ohne weiteres versichern, qu'ils en savent plus long que moi.

Formalismus

Beginn 1916 mit den Publikationen der „Gesellschaft zur Erforschung der dichterischen Sprache" („Opajas").

Hauptvertreter: Viktor Šklovskij, Auferwekkung des Wortes, 1914; Die Kunst als Verfahren, 1916. Roman Jakobson, Die neueste russische Poesie, 1921. Viktor Žirmunskij, Die Aufgaben der Poetik, 1921. Jurij Tynjanov, Das literarische Faktum, 1924; Über literarische Evolution, 1927. Boris Éjchenbaum, Die Theorie der formalen Methode, 1924; Das literarische Leben, 1929. Boris Tomaševskij, Die neue literarhistorische Schule in Rußland, 1928.

Diese Einsichten, die von *Tolstoj* gewiß nicht in doktrinärer Absicht formuliert wurden, und besonders die am Schluß geäußerten Anforderungen an eine künftige Kunstkritik dienten der seit etwa 1915 in Rußland in Erscheinung getretenen formalistischen Richtung der Literaturwissenschaft als Rechtfertigung einer Methode, die das künstlerische „Verfahren", das annähernd *Tolstojs* „Verkettungen" gleichkam, in den Mittelpunkt der Bemühungen stellte. Das besonders in den Anfängen des *Formalismus* betonte Desinteresse an „Inhalten" entsprach einer Frontstellung sowohl gegen den Positivismus des 19. Jahrhunderts mit seinen im Vorfeld des Künstlerischen verharrenden Arbeiten zur Textkritik, Quellenanalyse, Entstehungsgeschichte und Biographik als auch gegen die gleichfalls werktranszendierenden Interpretationen der sogenannten geistesgeschichtlichen Richtung, die in der Dichtung vorwiegend den Niederschlag von Ideen und Weltanschauung der Autoren sah. Die Formalisten betonten die Eigengesetzlichkeit der Literatur, lehnten sowohl den Biographismus und Psychologismus der Positivisten als auch die von den Vertretern der Geistesgeschichte unterstrichene Ideenhaftigkeit der Literatur sowie die Frage nach Sinn und Bedeutung literarischer Werke als nicht ästhetische Kriterien ab; statt dessen steuerten sie die Erkenntnis von Gesetzmäßigkeiten und exakte Ergebnisse im Sinne der Naturwissenschaften an. Stark von der Linguistik beeinflußt und von sprachlichen Erkenntnissen ausgehend, stellten sie die künstlerische Technik in den Mittelpunkt, wollten das Artifizielle der Literatur sichtbar machen, das konstruktive Element des künstlerischen Verfahrens bloßlegen. Sie betrachteten dieses „Verfahren" als inhaltsbildenden Faktor, die Komponenten der künstlerischen Struktur als Bedeutungs- und Inhaltsträger, dagegen inhaltliche Substanzen als „formale Elemente". So konnte man den ärgerlichen Form-Inhalt-Dualismus dadurch überwinden, daß man erklärte: Alles im Werk ist Form. Während hier die Aufhebung der alten Zweiteilung mit einem ambivalenten Form-Begriff erkauft wurde, vollzog dann später der auf den Bahnen des Formalismus weiterarbeitende, in der Tschechoslowakei beheimatete *Strukturalismus* mit seinem Hauptvertreter *Jan Mukařovský* eine Wendung um 180 Grad und ersetzte die noch gar nicht alte These durch die neue: Alles im Werk ist Inhalt. Eine solche Umkehrung der Doktrin wurde zwar durch die Erkenntnis möglich, daß der formalistische Begriff der Form schon in Kategorien des Inhaltlichen angelegt war, aber man bezahlte die neue These wiederum mit einer unzulässigen Erweiterung des Inhaltsbegriffes. Schließlich schlug *Jurij Lotman*, heutiger bedeutender Vertreter der strukturalistischen Richtung, in seinem Buch „Die Struktur des künstlerischen Textes" vor, den Gegensatz Inhalt–Form durch „den Begriff der Idee" zu ersetzen, „die sich in einer adäquaten Struktur realisiert und außerhalb dieser Struktur nicht vorhanden ist". Die damit gewonnene Synthese des in der „Gestalt aufgehobenen Gehalts" ist jedoch im Grunde kein neuer Aspekt. Ein jüngster Vorschlag, alle ästhetisch aktiven Substanzen und alle Formen von Werkschichten als „ästhetischen Inhalt" zu bezeichnen, dessen Teile durch eine kognitive und eine gestalthafte Inhaltsseite gebildet würden, strapaziert wieder den Inhaltsbegriff ungebührlich: Formelemente können nach üblichem Sprachgebrauch nicht Inhalt sein.

Mit dem Buch „Gehalt und Gestalt im Kunstwerk des Dichters" wandte sich der österreichische Literarhistoriker *Oskar Walzel* 1923 von den eigenen geistesgeschichtlichen Arbeiten seiner früheren Entwicklungsstufe ab, die ihm den Vorwurf eingetragen hatten, er wolle die Geschichte der Dichtung in Geschichte von Weltanschauung verwandeln. Er glaubte, daß diese Richtung sich vorerst erschöpft habe, und forderte statt ihrer eine Gehalt und Gestalt gleichermaßen berücksichtigende Poetik, wobei allerdings, da auf dem Gebiet der Inhaltsästhetik schon viel, auf dem der Formästhetik aber nur wenig geleistet sei, die Bemühungen um die Form für eine Weile im Vordergrund stehen müßten. Walzel strebte eine

Walzel, *Oskar* (1864–1944), österreichischer Literarhistoriker

Hauptwerke:
Deutsche Romantik, 1908; Wechselseitige Erhellung der Künste, 1917; Gehalt und Gestalt im Kunstwerk des Dichters, 1925; Deutsche Dichtung von Gottsched bis zur Gegenwart, 1927–1932.

Dilthey, *Wilhelm* (1833 bis 1911), deutscher Kulturhistoriker und Kulturphilosoph idealistischer Prägung, begründete die Erkenntnistheorie der Geisteswissenschaften.

Für die Literaturwissenschaft wichtige Werke:
Einleitung in die Geisteswissenschaften, 1883; Die Einbildungskraft des Dichters, 1887; Die Entstehung der Hermeneutik, 1900; Der Aufbau der geschichtlichen Welt in den Geisteswissenschaften, 1910.

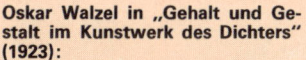

Oskar Walzel in „Gehalt und Gestalt im Kunstwerk des Dichters" (1923):

Wechselseitige Erhellung der Erkenntnisse Diltheys und Wölfflins ist nötig. Diltheys Wege können weitergegangen werden dank Wölfflin. Doch auch Wölfflins Forschung gewinnt Vertiefung, wenn Diltheys Hilfe nicht verschmäht wird. Dilthey bleibt dem Ausdrucksinhalt näher, Wölfflin der Gestalt des Ausdrucks. Die rechte Mitte ergibt sich, wenn der Zusammenhang von Ausdrucksmöglichkeiten, wie sie Wölfflin erkannt hat, mit den Ausdrucksinhalten gesucht wird, die durch Dilthey bestimmt worden sind. Geistiges als Voraussetzung der Gestalt des Dichtwerks, die Gestalt des Dichtwerks als Ausdruck seines geistigen Inhalts gilt es zu nehmen. Ob ein strenger Nachweis dieses Zusammenhangs überhaupt möglich ist, sei hier noch nicht entschieden. Allein nur wer den Zusammenhang im Auge behält, bleibt bewahrt vor einseitiger Gehalts- und einseitiger Formästhetik.

---

wechselseitige Erhellung der Erkenntnisse *Wilhelm Diltheys* und des Kunsthistorikers *Heinrich Wölfflin* an. Jede Übernahme naturwissenschaftlicher Betrachtungsweisen und Methoden entschieden ablehnend, erhoffte er eine Poetik, die zwar die grundlegenden Möglichkeiten des dichterischen Gestaltens erforschen, aber nicht die Gewinne aus historischen Erkenntnissen aufgeben werde, die also eine Übergangsstellung zwischen dem Strukturalismus und dem späteren New Criticism einzunehmen geeignet war. Die Nebeneinanderstellung beider Strukturelemente im Titel des Buches – Walzel verwendet Gehalt und Inhalt als Synonyme und scheidet, hierin noch ganz im Fahrwasser der Geistesge-

Wölfflin, *Heinrich* (1864 bis 1945), schweizerischer Kunsthistoriker, Schüler J. Burckhardts, o. Prof. in Basel, Berlin, München, Zürich, bahnbrechender Vertreter der Formen- und Stilgeschichte.

Hauptwerke:
Renaissance und Barock, 1888; Kunstgeschichtliche Grundbegriffe, 1915; Italien und das deutsche Formgefühl, 1931; Gedanken zur Kunstgeschichte, 1941.

11

Lipps, *Theodor* (1851 bis 1914); deutscher Philosoph, seit 1894 o. Prof. in München. Bekannt durch Arbeiten zur psychologischen Ästhetik, als deren grundlegenden Begriff er die Einfühlung ansetzte; er bestimmte Form als Daseinsweise des Inhalts.

Hauptwerke:
Der Streit um die Tragödie, 1891; Die ethischen Grundfragen, 1899; Ästhetik, 2 Bde. 1903–1906; Philosophie und Wirklichkeit, 1908.

Petersen, *Julius* (1878 bis 1941), deutscher Literatur- und Theaterhistoriker, lehrte von 1920 bis 1941 an der Universität Berlin.

Hauptwerke:
Das deutsche Nationaltheater, 1919; Die Entstehung der Eckermannschen Gespräche und ihre Glaubwürdigkeit, 1924; Wesensbestimmung der deutschen Romantik, 1926; Die Wissenschaft von der Dichtung, 1939.

schichte, das Stoffliche als für die Dichtung wenig bedeutend aus dem Inhaltsbegriff aus – kann als Programm gesehen werden und war auch tatsächlich so gemeint. Walzel war sich sehr wohl bewußt, daß im Kunsterlebnis die Bestandteile als Einheit erscheinen und eine Auflösung dieser Einheit das Erlebnis zerstören würde. Wolle man das Kunstwerk jedoch dem Verstande zugänglich machen, d. h. es wissenschaftlich erfassen, müsse die Scheidung in Gehalt und Form erfolgen, um Begriffe zu gewinnen, die es ermöglichen, einzelne Züge des Gesamterlebnisses „verstandesmäßig zu packen". Er wandte sich damit gegen die damals sehr einflußreiche Auffassung des Philosophen *Theodor Lipps,* der Erkenntnis auf dem Begriff der „Einfühlung" aufbaute und den Inhalt des Kunstwerks als das im Kunstwerk Geformte und Gestaltete, damit Form und Inhalt als korrelative Begriffe betrachtete. „Solche völlige Gleichsetzung", sagt Walzel, „... verzichtet mit Unrecht auf den Nutzen, den die Tatsache zweier Worte von sonst gegensätzlicher Bedeutung dem Zergliederer des Kunstwerks stiften kann. Sie beraubt sich eines guten Mittels, wesentliche Eigenheiten des Kunstwerks zu bezeichnen." Tatsächlich erbringt es keinen Nutzen, den Doppelcharakter des literarischen Kunstwerks deswegen zu leugnen, weil er in ihm nur als Einheit erscheint. Er wirkt sich bei der Genese des einzelnen Kunstwerks – die allerdings dem Formalismus/Strukturalismus weitgehend uninteressant war – ebenso aus wie bei der analytischen Tätigkeit des Rezipienten und Kritikers. Die beiden Aussprüche *Goethes* lassen erkennen, wie bewußt er sich der Schwierigkeit war, „daß Form, Stoff und Gehalt sich zueinander schicken, sich ineinander fügen, sich einander durchdringen". Dennoch ist es kennzeichnend für die künstlerische Schaffensweise, daß dem Autor die Überwindung dieser Schwierigkeit gelingt und er den Verschmelzungsakt vollzieht, während der Kritiker diesen schöpferischen Prozeß zwar im Akt des Rezipierens, aber nicht bei der Arbeit des Analysierens und Deutens nachvollziehen kann und so immer nur die Teile in der Hand behält. Literaturbetrachtung und Literaturwissenschaft müssen sich auf ihre Weise bemühen, Inhalt und Form nicht als Oppositionen, auch nicht als über- bzw. nachgeordnete Faktoren zu begreifen, sondern als aufeinander bezogene Partner.
Einen Versuch in dieser Richtung legte 1939 der an der Wende von der geistesgeschichtlichen Richtung zu einer mehr poetologischen Betrachtungsweise stehende Literaturwissenschaftler *Julius Petersen* mit einem Schema vor, das „für Aufgaben der Analyse richtunggebend" sein sollte und für das er folgende Anleitung gibt: „Da es bei der Analyse darauf an-

7. Geist			Idee	
6. Persönlichkeit		Probleme ←	Weltanschauung ←	Stil
5. Verknüpfung		Motive →	Wirklichkeits-auffassung →	Sprachform
4. Gestaltung		Charaktere ←	Selbstdarstellung ←	Psychologie
3. Plan		Fabel →	Absicht →	Technik
2. Innere Form		Situation ←	Stimmung ←	Gattung
1. Grundriß		Stoff →	Dichter (Erlebnis) →	Form

Von Julius Petersen entworfenes Schema für die Aufgaben der literaturwissenschaftlichen Werkanalyse. Aus: Die Wissenschaft von der Dichtung, 1939.

kommen muß, die Zusammenhänge zu sehen, statt sie auseinanderzulösen, verzichte ich darauf, die formale, seelische und stoffliche Kategorie getrennt zu behandeln. Statt jede der drei vertikalen Reihen für sich im Aufstieg ihrer Glieder zu verfolgen, hat es einen Vorzug, die einzelnen Stufen horizontal zu durchmessen, weil die notwendige begriffliche Klärung durch die Wechselwirkung zwischen den inhaltlichen und formalen Kategorien erleichtert wird. Ich wähle also, um vom Stoff zur Idee zu gelangen, den Weg, den das Schema in den durchgehenden Verbindungslinien andeutet." Auf den sich an das Schema anschließenden Seiten erläuterte Petersen eingehend die von ihm verwendeten Begriffe.

Es ist zu bezweifeln, daß jemand je diesen differenzierten Weg der Analyse in genau dieser Reihenfolge beschritten hat. Das Wahrscheinliche ist, daß der Analysierende verschiedene der getrennt erscheinenden Stufen und Wegemarken bereits „zusammensieht" oder sich nur auf einzelne in der Pyramide enthaltene Punkte stützt, aber doch bei der „Idee" anlangt. Die Detailliertheit des Schemas war wohl die Folge des Bestrebens, in einem grundlegenden Werk alle eventuell bei einer Analyse auftauchenden Begriffe namhaft zu machen und an ihren Platz zu stellen; tatsächlich kann ja jeder von ihnen im einen oder anderen zu analysierenden Falle vorkommen und wichtig werden. Entscheidend ist, daß Petersen im Grunde mit den Goetheschen Begriffen arbeitete, deren langanhaltende Gültigkeit sich hier erwies. „Stoff" und „Form" werden am Boden der Pyramide angesetzt und verschmelzen am Gipfel in der „Idee", an deren Stelle bei *Goethe* der „Gehalt" fungiert. Gleich hier sei gesagt, daß der immer wieder von der Literaturwissenschaft herangezogene Begriff „Idee" für ein künstlerisches Gebilde inadäquat ist, weil er sich

13

schwerlich von der Philosophie in dem dort gebrauchten Sinne auf Literatur übertragen läßt und weil Idee immer Lösung einer Problematik voraussetzt, die in der Literatur, besonders der modernen, durchaus ungelöst bleiben kann; insofern könnte die Petersensche Pyramide auch in dem vorletzten Begriff „Problem" gipfeln. Der ideelle Bereich, die ideelle Schicht oder Ebene des Kunstwerks sollte besser mit dem Goetheschen *„Gehalt"* oder mit *„Sinngehalt"*, *„Sinngebung"* bezeichnet werden, und auch der stets das Gedankliche des Inhalts herausfilterende Begriff *„Thema"* erscheint in dem hier betonten strukturbezogenen Zusammenhang angemessen. Die von Petersen der Goetheschen Dreiheit hinzugefügte vierte Komponente „Dichter (Erlebnis)" bringt im Grunde keinen neuen Aspekt, da *Goethe* ja aus dieser Position des Dichters heraus sprach, also sich gewissermaßen an der Basis der Pyramide befand. Bedeutung gewinnt an Petersens Schema die Vorstellung, daß die „Idee", der Gehalt, als Resultat, als „Ausdruck" der Verschmelzung von Stoff und Form, die sich auf der vorletzten Stufe der Pyramide vollzieht, anzusehen ist. Sie kann für die vorliegende Untersuchung von Motiv, Stoff und Thema richtungweisend sein.

In äußerlich ähnlicher Weise wie Petersen faßt der aus jüngster Zeit stammende Aufriß *Horst S. Daemmrichs* über „Literaturkritik in Theorie und Praxis" die „Elemente des literarischen Textes" in ein Schema. Der Autor erklärt sein Schema nicht näher und definiert auch in den auf das Schema folgenden Abschnitten nur einen Teil der in dem Schema aufscheinenden Begriffe. Diese stellen sich dar als lockere Aufreihung

Von Horst S. Daemmrich vorgeschlagenes Schema zu den Elementen des literarischen Textes. Aus: Literaturkritik in Theorie und Praxis, 1974.

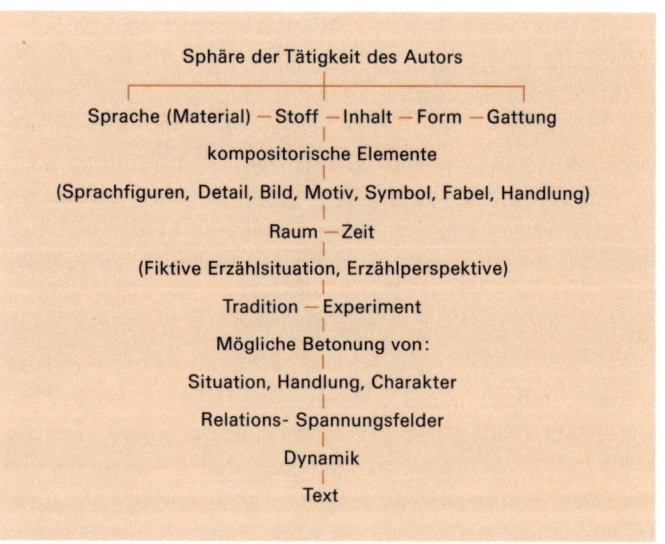

Sphäre der Tätigkeit des Autors

Sprache (Material) — Stoff — Inhalt — Form — Gattung

kompositorische Elemente

(Sprachfiguren, Detail, Bild, Motiv, Symbol, Fabel, Handlung)

Raum — Zeit

(Fiktive Erzählsituation, Erzählperspektive)

Tradition — Experiment

Mögliche Betonung von:

Situation, Handlung, Charakter

Relations- Spannungsfelder

Dynamik

Text

aller Elemente und Faktoren, die am Bau eines künstlerischen Textes mitwirken könnten, ohne daß eine genaue schrittweise und stufenartige Annäherung an den Endpunkt „Text" in der Art des Petersenschen Schemas erkennbar wird. Der Beginn mit „Sphäre der Tätigkeit des Autors", die, wie die gestrichelte Linie andeutet, die gestaffelten Elemente des Textes nacheinander passiert, um schließlich im „Text" zu münden, erweckt den Eindruck, daß das Schema den Vorgang der Genese eines literarischen Werkes darstellt. Abgesehen von einigen durch die neuere poetologische Arbeitsweise geprägten differenzierteren Termini wie „fiktive Erzählweise" oder „Erzählperspektive" führt Daemmrich wesentlich über Petersen hinausgehende Begriffe nicht ein.

Form-Inhalt-Problem und Genese des literarischen Werks

Prinzipiell decken sich solche Strukturschemata nicht mit einem Aufriß der *Genese des dichterischen Kunstwerks*. Die Erfahrung lehrt, daß die Initialzündung für das Entstehen eines solchen Gefüges jeweils bei ganz verschiedenen Aufbauelementen und Schichten des Werks liegen kann. Sie liegt möglicherweise bei einem den Autor bewegenden Motiv. Als *Gerhart Hauptmann* sich entschloß, *Selma Lagerlöfs* Novelle „Herrn Arnes Schatz" zu dramatisieren, motivierte ihn zweifellos die Gestalt der Elsalil, die den Typus der dämonischen, männerverderbenden Verführerin repräsentiert; schon als Rautendelein in der „Versunkenen Glocke", als Hanne Schäl in „Fuhrmann Henschel" und als kindhafte Tänzerin in dem Roman „Atlantis" war dieser Typus bei Hauptmann in Erscheinung getreten, und er nahm nun in „Winterballade" geradezu die Züge einer Empuse oder eines Vampirs an. Den zündenden Funken kann jedoch auch ein den Autor fesselnder Stoff liefern. *Theodor Fontane* erfuhr bei einer Abendgesellschaft von der Frau des Mitbesitzers der Vossischen Zeitung, Emma Lessing, die wohl damals stadtbekannte Skandalaffäre um Elisabeth von Ardenne, ihren Mann und ihren Liebhaber und faßte, davon fasziniert, den Plan zur Gestaltung von „Effi Briest". Ein gedanklich-thematischer Ansatzpunkt wie die Toleranzidee wurde zum Movens für *Lessing*. Nachdem ihm verboten worden war, sich in Streitschriften für sie einzusetzen, kleidete er sie bekanntlich in das durchsichtige Gewand seines „Nathan der Weise", um so den orthodoxen Theologen auf der ihm eigenen Kanzel des Theaters entgegenzutreten. Aber auch Formales läßt sich als Anreiz nachweisen. *Goethes* Sonett-Zyklus von 1807 verdankte seine Entstehung einer „Sonettenwut", die den Dichter im

Wettstreit mit dem in Jena sich aufhaltenden Schriftsteller *Zacharias Werner* und dem Philologen *Friedrich Wilhelm Riemer* ergriffen hatte, so daß eine durch die Romantik modisch gewordene Gedichtform unter Rückgriff auf *Ariost* und *Petrarca* auf ihre Machbarkeit sowie an einem amourösen Inhalt auf ihre thematische Tragfähigkeit erprobt wurde. Ähnlich motiviert war *Goethe* bei der bürgerlichen Idylle „Hermann und Dorothea" durch den Wunsch, sich „in diesem Fache", d. h. einem idyllischen Epos, „zu versuchen" (26. XII. 1796 an F. A. Wolf), „weil ich doch so etwas auch muß gemacht haben" (2./7. VII. 1796 an Schiller). Dabei legte Goethe mehr Gewicht darauf, der ihm durch die „Luise" von *Johann Heinrich Voß* nahegebrachten Gattung gerecht zu werden, mit der ja auch ein bestimmter Gehalt – Idyllisch-Bürgerliches nicht ohne Berührungspunkte mit dem Heroischen – gefordert war, als dem Versmaß des Hexameters, bei dem er großzügiger verfuhr als Voß und Hilfe sowie Korrekturen durch *Wilhelm von Humboldt* nicht ablehnte. Das idyllische Epos, schon in „Reineke Fuchs" ertastet, in Kleinform an „Alexis und Dora" geübt, an Stoffen wie „Hero und Leander" und „Wilhelm Tell" durchdacht, sollte Ausdruck seiner Haltung gegenüber der Französischen Revolution werden und verlangte nur noch nach dem adäquaten Stoff, jenem „Sujet, wie man es in seinem Leben vielleicht nicht zweimal findet" (28. IV. 1797 an H. Meyer), dem der Dichter dann in Gestalt einer unter salzburgischen Emigranten des Jahres 1731 spielenden Geschichte begegnete.

In allen diesen Fällen ist eine *innere Prädisposition des Autors* die Voraussetzung dafür, daß ein von außen an ihn herangetragenes inhaltliches oder formales Element den Boden findet, der es keinem läßt. Auch die weitere Anreicherung mit Aufbauelementen geht nicht nach einer gesetzmäßigen Reihenfolge vor sich, sondern unterliegt dem Zufall von Erlebnissen, Begegnungen, Lektüre und Arbeitsbedingungen des Autors. Vom Augenblick der Konzeption an, jenem Fontaneschen „*Das* mußt du schreiben" (2. III. 1895 an Hans Hertz), setzt jedoch der bewußte Arbeitsakt ein, das „Ringen mit dem Stoff", das ebenso ein „Ringen mit der Form" ist, eben jener Verschmelzungsakt von Stoff und Form. Seine Dauer ist unterschiedlich, auch kann der Stoff oder Plan noch eine Weile unbearbeitet heranreifen. *Goethe* lernte den Stoff von „Hermann und Dorothea" frühestens im Jahre 1794 kennen. Er begann die Arbeit im September 1796, unterbrach sie trotz rascher Fortschritte im Oktober, nahm sie, von Korrekturen und Überarbeitungen abgesehen, erst im März wieder auf und brachte sie zu einem vorläufigen Abschluß; der endgültige Schluß wurde nach abermaliger Unterbrechung am 7. Juni des gleichen Jahres gefunden. *Fontane*, der Emma Lessings Bericht über das Schicksal der Elisabeth von Ardenne 1888 oder 1889 gehört haben dürfte, schrieb den „Brouillon" zu „Effi Briest" wahrscheinlich unmittelbar danach nieder, begann die Ausarbeitung des Entwurfs 1892, wurde dann durch Krankheit verhindert, setzte sie erst im Herbst 1893 wieder fort und schloß sie schließlich im Sommer 1894 ab. Und doch meinte Fontane, sich in diesem Falle nicht an die üblichen Mühen, Sorgen und Etappen des Arbeitens erinnern zu können, er habe „das Ganze träumerisch und wie mit einem Psychographen geschrieben" (2. III. 1895 an Hans Hertz).

Der Verschmelzungsakt von Stoff und Form steht unter dem Gesetz einer vom Autor zunächst vielleicht nicht bewußt wahrgenommen Zielvorstellung: Entsprechend dem Sinngehalt organisiert sich der Stoff in der Form. Es ist interessant, unter diesem Aspekt *Arbeitspläne, Schemata* zu prüfen, die sich Autoren vor Beginn oder im Verlauf ihrer Arbeit gemacht haben.

Goethes Schema zu einem Drama „Nausikaa", dessen erste drei Szenen diesem Schema entsprechend ausgeführt worden sind, zeigt sehr deutlich, daß eine erste Stufe des Verschmel-

Brouillon, von Fontane gern benutztes französisches Wort für Entwurf, Konzept, Kladde.

Akt I.

I Mädchen Ball
II Ulysses allein
III Arete Xantha
IV die Vorigen Ulyss.
V Ulyss.
 3 Xanth. Frühling neu. Arete Bekänntniß Bräutigams Zeit Vater Mutter
 4 Gärten des Vaters erstes Bedürfniß Kleid Hunger Durst Angesehn
 5 Vorsicht seines Betragens. Unverheurathet.

II.

I Alkinous
II Alkinous Sohn
III die Vorigen Arete
IV die Vorigen Ulyss
V Ulyss. Neoros.
 1 Früchte vom Sturm herunter geworfen. Blumen zerstört. Latten zu befestigen. Sohn. Tochter.
 2 Sohn. Geschichte Beschreibung des Sturms Abfahrt Delphinen pp
 3 Tochter. Wäsche selbst für den Vater bereitet sie erblickt Ulyssen.
 4 Ulyss als Gefährte des Ulyss. Aufnahme. Bitte der Heimfahrt. Beratung des nötigen.
 5 Ulyss Neoros Frage nach seinen Schicksalen Bitte seinem Gefährten zu helfen.

III.

I Arete Xanthe.
II die Vorigen Neoros
III Arete
IV Ulyss Arete
V Ulyss
 1 Lob des Ulyss Eröffnung der Leidenschaft.
 2 Neoros Lob des Ulyss. Männliches Betragen. Wille des Vaters daß ihm Kleider und Geschenke gegeben werden. Scherz des Bruders. Abschied des Ulyss. Und er soll scheiden.
 4 Frage unverheurathet. Die Schönen Gefangenen Er lobt ihr Land und schilt seins sie giebt ihm zu verstehon daß or bloibon könno.

IV.

Alkinoos	die ältesten
die vorigen	Sohn.
die vorigen	Arete
die Vorigen	Ulyss

V.

I Arete
II Alkin. Ulyss. Sohn.
III die Xante
IV Alkinoos Ulyss
V Bote
VI Alkin. Ulyss
VII Xante
VIII die vorigen Sohn
IX die vorigen die Leiche
 4 Scheiden. Dank. Tochter läßt sich nicht sehn. Schaam. Er soll sie nicht falsch beurtheilen. Es sey sein eigner Werth [?] Ul. Vorwurf er will nicht so scheiden trägt seinen Sohn an. A. Will die Tochter nicht geben. Ul. Überredung. A. Will gleich. U. Will seinen Sohn bringen sie sollen sich wählen. Ul. Hochzeitstagausstattung.

Goethes Schema zu dem Drama „Nausikaa", wahrscheinlich Anfang April 1787 in Italien entstanden. Die Heldin heißt hier noch nicht Nausikaa, sondern Arete.

2. Kapitel. Die Verlobung liegt schon fast zwei Monate zurück; es ist Ende Juni. *Er* ist zu Besuch da. Gespräch auf der Bank. *Er* liebenswürdig, fein, gebildet. (Landrat, Rittmeister in der Reserven-Kavallerie.) Er erzählt immer, und sie sagt am Schlusse regelmäßig: ›Muß ich das wissen?‹ Er lächelt dann immer entzückt und sagt: ›Es ist nicht nötig. Aber besser ist besser; es kann nichts schaden.‹ Diese Szene auf der Bank (auch die Mutter ist zugegen) ausspinnen. Auch die Hochzeit wird für Anfang Oktober verabredet. Inzwischen will man noch nach Berlin, um die Einkäufe zur Einrichtung zu machen.

Theodor Fontane, Entwurf für das zweite Kapitel von „Effi Briest", Teil der auf Rückseiten von Manuskriptblättern erhaltenen Fragmente des Urentwurfs. Daneben ein später entstandener Plan für die letzten vier Kapitel des Romans.

»33. Kapitel

1. Effi empfängt einen Brief der Ministerin. Annie wird angekündigt. Vorher: Annie war sehr hübsch geworden, ein schönes Kind und sie fühlte so recht, um was sie sich gebracht; sie könnte nun hören: ›das schöne Kind, das kluge Kind‹, u. nun nichts, nichts.
2. Annie kommt. Große Scene zwischen Mutter und Tochter.
3. Effi's Außersichsein. Erkrankung. Diese Erkrankung schon vorher andeuten..

34. Kapitel

1. Situation. Brief Roswithas an Frau v. Briest.
2. Brief Rumschüttels an Frau v. Briest.
3. Beratung zwischen Briest u. Frau.
4. Frau v. Briest schreibt kurz an Effi. Komm. ›Komm Effi.‹ Sie entsann sich des Rufs wieder. Späte Klag an manch Schönes.
5. Ach Roswitha nun ist mir alles gleich. Roswitha schreibt an Innstetten wegen Rollo, als beide schon in Hohen Cremmen sind, als er den Brief empfängt und es gelesen hat tritt Wüllersdorf ein.

35.

1. Effi trifft in Hohen-Cremmen ein.
2. Instetten avancirt. Wüllersdorf kommt, ihm zu gratuliren. Zwiegespräch.

36. Kapitel

1. Effis Gesundheitszustand. Rollo trifft ein.
2. Krankheit. Gespräch zwischen Mutter u. Tochter.
3. Effis Tod.
4. Gespräch zwischen Briest u. Frau. ›...Ach Luise, das ist ein weites Feld.«

---

zungsaktes von Stoff und Form erreicht oder doch angestrebt wurde: die Verteilung und Aufteilung der Stoffmasse auf Akte und Szenen eines fünfaktigen Dramas. Thematisches, Hinweise auf einen Sinngehalt, finden sich in *Goethes* Schema ebensowenig wie in *Theodor Fontanes* Urentwurf zum zweiten Kapitel von „Effi Briest" und in dem erst wesentlich später, im Verlauf der Arbeit, wahrscheinlich unmittelbar vor Beginn der Ausarbeitung des Schlußteils, entstandenen Schema zu den letzten Kapiteln des Romans. Es ist kaum anzunehmen, daß die Sinnsphäre dem Autor noch fern lag und etwa erst später erarbeitet worden wäre. Eher diktierte der Gehalt bereits die Anordnung der Szenen bzw. der Kapitel, er war das, was der Autor als etwas Selbstverständliches in sich trug und daher nicht zu notieren brauchte. Goethes dünn besetztes Schema und Fontanes zwischen detaillierten und summarischen schwankende Angaben für den Inhalt eines Kapitels zeigen, daß es noch eines langen Weges bedurfte, bis Stoff und Form in sich voll ausgereift und so ineinander verwoben waren, daß das fugenlos zum Ausdruck kam, was der Autor zum großen Teil von Beginn an im Sinn gehabt hatte. Goethes „Nausikaa" blieb Fragment, aber Torso und Schema zusammen ließen immerhin schon so viel Bedeutung erkennen, daß das Bruchstück mehrere, allerdings nicht sehr glückliche, Fortsetzer und Vollender fand, und der Entwurf zum zweiten Kapitel von „Effi Briest", das in dieser Form nicht in den ausgeführten Roman übernommen wurde, läßt in dem festgehaltenen Dialog doch schon genau erkennen, wie Fontane Effi und Innstetten und ihr Verhältnis zueinander sah. Bereits im

18

ersten Ansatz hat die Fontane vorschwebende, sowohl aus den gesellschaftlichen Verhältnissen wie aus den Charakteren hervorgehende Ehebruchs- und Duelltragödie die Charakterzeichnung der beiden Hauptakteure geprägt. Man spürt den inneren Zündstoff des Plots und die schicksalhafte Vorbestimmung, die sich dann im Schema zu den letzten Kapiteln bereits in ganz genau festgelegten, der endgültigen Fassung des Romans entsprechenden Stationen erfüllt. Die glückliche Gabe Fontanes, gleich im ersten Anlauf die Grundformung des Stoffes und etwas Wesentliches für die Koordinierung von Stoff und Form zu erreichen, scheint ihm die Schwierigkeit der letzten stilistischen Gestaltung um so stärker fühlbar gemacht zu haben. Er beklagt sich: „... das Basteln... kostet dreimal mehr Zeit als der erste Entwurf. Diesen schreib ich unter genauer Kapiteleinteilung hintereinander weg, und alles von Anfang an an richtiger Stelle. Von dem Augenblicke an, wo mich das starke Gefühl ergreift, ‚dies ist ein Stoff‘, ist auch alles fertig, und ich überblick im Nu und mit dem realen Sicherheitsgefühl, daß ich nirgends stocken werde, Anfang, Höhepunkt und Ende. Was dazwischen liegt, ist, wenn ich mich so ausdrücken darf, dunkel und ahnungsvoll ebenfalls da, ahnungsvoll, aber mit der Gewißheit, daß mir dies Füllsel keine Schwierigkeiten machen wird... Und nun schreib ich zwei Stunden hintereinander weg, und alles steht da. Jedes Kapitel hat seinen bestimmten Inhalt. Und im wesentlichen bleibt es auch so. Aber zu dieser äußeren Raschheit meiner Phantasieschöpferkraft gesellt sich leider eine unendlich schwache Treffkraft des Ausdrucks, ich kann das rechte Wort nicht finden. Und so brauch ich sechs Monate, um eine Arbeit zu vollenden, die ich im Nu konzipierte und in zwei Stunden entwarf“ (Fontane, Rudolf Lindau – Ein Besuch, 1883). Das Ergebnis dieses oft viel länger als ein halbes Jahr dauernden Mühens um die „Treffkraft des Ausdrucks“ ist jener gleichsam über dem Werk schwebende, jedem grob zugreifenden Deutungsversuch sich entziehende hauchzarte Schleier des Sinngehalts und die Verhaltenheit der Wirkung, die an Fontanes Erzählungen bewundert wird.

Etwas anders und nicht grundverschieden verhält es sich mit *Schillers* Schemata und Entwürfen zu einem Drama „Die Prinzessin von Zelle“, das den üblicherweise unter dem Stichwort „Prinzessin von Ahlden“ bekannten Stoff behandeln sollte. Da es dem Stoff, wie Schiller frühzeitig erkannte, „an einem prägnanten dramatischen Momente und überhaupt an sogenannten äusern Handlungen“ fehle, konnte er auf Anhieb kein Grundrißschema wie in den zuvor behandelten Fällen entwickeln. Zunächst stand ihm nur die Dialektik, die

Da es dieser Geschichte an einem prægnanten dramatischen Momente und überhaupt an sogenannten äusern Handlungen fehlt, so sind diese zu suchen und aus dem Stoffe heraus zu wickeln.

Vor allen Dingen muss die Handlung prægnant und so beschaffen seyn, daß die Erwartung in hohem Grade gespannt und bis ans Ende immer in Athem gehalten wird. Es muss eine aufbrechende Knospe seyn, und alles was geschieht muß sich aus dem Gegebenen nothwendig und ungezwungen entwickeln. Daher müssen alle Parthien in höchster Einheit verschlungen seyn und alle bewegenden Kräfte auf einen einzigen Punkt hin drücken.

Alles steht in Correlation

Die königliche Hofnung und die niedrige Abkunft der Prinzeßin.

Die zwey fürstliche Gattinnen nehmlich die Herzoginnen.

Die zwey Mätressen.

Der blühende Königsmark und der alte Herzog.

Der feurige Freund und der kaltsinnige brutale Gatte.

Prinzeßin.	Jageman.	+	Fleck.
Königsmark	Oels		Bethman.
Churfürstin.	Teller.	+	Meiern.
Herzogin	Becker.	+	Böhm.
Herzog.	Malcolmi.		Labes.
Erbprinz	Cordeman	+	Beschort.
Churfürst.	Graff.		Böhm.
Fr v Platen			
H v Platen	Heide.	+	
Fr. Moltke.	Silie.	+	

Dramatische Scenen wären.

Der anscheinende Triumph der Prinzeßin.

// Ihre Scene mit dem Churprinzen und erlittne Mißhandlung.

// Vergeblicher Versuch auf das Herz ihres Vaters.

// Rührende Scene mit ihrer Mutter.

Königsmarks leidenschaftliche Aufwallung.

// Königsmarks lezte Scene, wo er ihr seine Liebe zeigt.

// Scene nach deßen Ermordung und Arrestation der Prinzessin.

Scene des Herzogs mit der Herzogin, wo es nahe zu einem Bruch kommt.

Churfürstin und Prinzeßin erklären sich über Fürstenehen.

Erwachende Neigung des Churprinzen zu seiner Gemahlin.

Erweckte Eifersucht desselben.

Zurükkunft des Churprinzen.

Eine Cour oder kleinere Aßemblee, den Abend vorher ehe Königsmark die geheime Zusammenkunft mit der Prinzeßin hat. In dieser Gesellschaft fragen ihn ihre Augen, ob alles zu ihrer Flucht veranstaltet.

„Correlation" der Personen, vor Augen, dann eine Reihe einzelner dramatischer Szenen, im zweiten Schema konnte er auch eine Stufenfolge für die tragische Entwicklung der Prinzessin angeben, aber ein Aufriß des Ganzen, eine Integration des Stoffes in die dramatische Form, war ihm erst möglich, als er aus den ihm in kolportagehaften Hofgeschichten überlieferten Ereignissen das dramatisch Brauchbare „herausgewickelt" hatte. Auf Schillers beide Schemata folgen daher in dem Konvolut schriftlich fixierte, immer wieder korrigierte und durch neue Gesichtspunkte angereicherte Überlegungen zum inneren Prinzip des Stoffes, die schließlich in „Ideen zu einem Trauerspiel Die Herzogin von Zelle" münden, einer Wiedergabe der Fabel mit historisch-kausaler Reihenfolge der Fakten ohne deren künstlerische Verkürzung und Umstellung mit Rücksicht auf eine künftige dramatische Formgebung. Schiller legte sich zunächst einmal den Rohstoff klar. Zu dem im Anschluß daran möglichen Schema für eine Tragödie, deren Planung vielleicht durch den inzwischen in Angriff genommenen „Demetrius" nicht aufgegeben worden war, ist es nicht mehr gekommen. Dabei kann zwar nicht von der Hand gewiesen werden, daß diese Art der Diskussion des Stoffes mit Schillers Neigung zusammenhängt, ein Sujet einer Idee zu unterwerfen, jedoch belegt die schon im ersten Schema befindliche Besetzungsliste für die geplanten Rollen nicht nur mit Weimarer, sondern auch mit Berliner Schauspielern, wie deutlich *Schiller* bereits zu diesem Zeitpunkt Form und Gestalt des Ganzen im Auge hatte und die kaum erst in Umrissen schriftlich fixierten Personen der Handlung in Fleisch und Blut vor sich agieren sah.

Die durch die Baupläne von Autoren vermittelten Einblicke in die Genese von literarischen Werken bestätigen *Oskar Walzels* Feststellung: „Der Gegensatz von Gestalt- und Gehaltästhetik ist nicht die Ausgeburt kunstfremder Denker, die in die Enge ihrer Gesichtspunkte reiches Leben einzwängen wollen. Er entspricht vielmehr einem Gegensatz im künstlerischen Schaffen." Angesichts der zu Anfang des vorigen Kapitels festgestellten Notwendigkeit, zum Zwecke der Erkenntnis und Darstellung das komplexe Gebilde des literarischen Kunstwerks aufzulösen, ist es naheliegend, daß der Betrachter und Wissenschaftler bei der Analyse mit den gleichen Bauelementen arbeitet wie der Autor des Werks bei der Synthese. Dieses *Bauelement* ist bei der vorliegenden Aufgabe der *Inhalt*. Die *Inhaltsforschung* bleibt allerdings verpflichtet, die für das Gesamtkunstwerk und besonders die Sphäre des Gehalts so wichtige Formkomponente nicht aus den Augen zu verlieren. Inhaltsästhetik braucht und soll nicht gleichbedeutend mit einer Überbewertung des Inhalts sein. Sie kann sich sogar mit dem gleichen Recht wie der Formalismus als Vollstrecker von *Tolstojs* Wunsch betrachten, indem sie dem „endlosen Labyrinth der Verkettungen" nachgeht und jene „Gesetze" aufspürt, die die „Grundlage dieser Verkettungen bilden". Im Gegensatz zum Formalismus/Strukturalismus zielt sie jedoch nicht nur auf Erkenntnis der Gesetzmäßigkeiten des Inhalts, auf die Entwicklung von Modellen, sondern widmet ihr Interesse auch der historischen Genese und dem individuell Einmaligen.

Es kann im folgenden an die formgebenden Elemente immer nur soweit herangeführt werden, daß sich der Blick öffnet für die Frage, in welcher Weise festgestellte Motivverknüpfungen, Stoffbildungen, Handlungsverläufe, Charakterzeichnungen, Erzählerfunktionen und andere inhaltliche Substanzen von versifizierter Sprache oder Prosa, von Stil, Gliederung, Gattungsstruktur mitgeprägt wurden und auf welche Weise einerseits die Sinngebung die Form steuert, andererseits der Gehalt erst durch die Gestalt, den Ausdruck, freigesetzt wird. Sie wird meist Frage bleiben müssen, *Frage an die Formästhetik.* In welcher Weise strukturiert die Form der Ode oder des Sonetts den Inhalt? Inwiefern entspricht die Form der Elegie dem inhaltlichen Anliegen dieser lyrischen Gattung? Welche Erzählformen sind welchen Motiven oder Stoffen zugeordnet? Welchen den Gehalt bestimmenden Beitrag brachten die Gattung des Hexameterepos, die erst in einem späten Stadium der Arbeit vollzogene Umverteilung der Handlung von sechs auf neun Gesänge und die Titelerweiterung bei diesen neun Gesängen durch Obertitel mit den Namen der neun Musen in den Stoff von „Hermann und Dorothea" ein, so daß er die Fähigkeit erhielt, die von *Goethe* beabsichtigte „bürgerliche Idylle", seine Auseinandersetzung mit der Französischen Revolution sowie die Postulierung und Konsolidierung eines deutschen bürgerlichen Ethos zum Ausdruck zu bringen? An der Konturierung und Typisierung der Personen wirkten das Metrum und die antikisierenden Wendungen mit; durch die mit der vordergründigen Behaglichkeit kontrastierende zeitbedingte Unruhe und Bedrohung

Ode, strophisch gebautes Gedicht feierlichen Charakters mit erhabenem Sujet. In der Antike von Alkaios, Sappho, Pindar, Horaz gepflegt, seit der Renaissance in der europäischen Literatur verbreitet.

Sonett, *Form der Lyrik.* Aus Italien stammender strenger Aufbau aus 14 Zeilen, die in zwei vierzeilige (Quartette) sowie zwei dreizeilige (Terzette) Strophen gegliedert sind und ein enges Reimschema haben. In der Renaissance zuerst bei Dante und Petrarca, seit der Romantik wieder in der europäischen Literatur verbreitet.

Elegie, *Form der Lyrik.* In der Antike zunächst Gedicht in Distichen ohne Festlegung des Inhalts, später Eingrenzung auf eine klagend-wehmutsvolle Stimmung, auch ohne Beschränkung auf die Distichenform. Entstanden im 7. Jh. v. Chr. in Griechenland, von griechischen und römischen Autoren entwickelt, seit der Renaissance wieder im Gebrauch (Goethe, Marienbader Elegie; Rilke, Duineser Elegien).

machte eine ursprünglich heroische Gattung ihre Ansprüche geltend, und die Modellhaftigkeit oder Lehrhaftigkeit sind ebenfalls durch Formwahl erzielte Produkte, die andere epische Gattungen schwerlich begünstigt haben dürften.

Abwertung und Neubewertung der Motiv-, Stoff- und Themenforschung

In den vorangehenden Kapiteln wurde bereits angedeutet, daß nicht nur die begriffliche Trennung von Form und Inhalt als ein dem Kunstwerk inadäquates Verfahren Einwände auslöste, sondern daß gewisse *Vorbehalte* auch *gegen die Untersuchungswürdigkeit des Inhaltlichen* an sich, sowohl seiner stofflichen Schicht als auch der ideellen Sphäre, angemeldet worden sind.

Es ist bei manchen Autoren und Kritikern der Gegenwartsliteratur üblich geworden, das Substantielle im Sinne von Motivlichem und Stofflichem, das am sichtbarsten als Handlung, als Fabel oder Plot erkennbar wird, mit einer Art verschämten Unbehagens zu erwähnen wie etwas, um dessen Existenz man nicht herumkommt, das man aber am liebsten verleugnen würde. Dieses Unbehagen führte in einer Zeit, in der auch in anderen Künsten die *Abstraktion vom Stofflichen* sich Bahn brach, dazu, daß sich der stoffliche Zusammenhang in den pragmatischen Dichtungsgattungen weitgehend zersetzte und manche Strömungen der Lyrik die *Auflösung des Motivgefüges bis zur Reduzierung auf hermetische Assoziationsreihen*, ja selbst *Chiffren* vortrieben. Diese Tendenzen können als Gegenschlag gegen planes Erzählen und gegen szenische Wiedergabe von dramatischen Ereignissen in der realistisch-naturalistischen Epoche angesehen werden. Neu sind die Versuche zur Verdrängung und Durchbrechung des Stofflichen nicht. Literaturepochen mit erhöhtem Stilisierungs- und Formungswillen, z. B. Barock und Romantik, haben versucht, die logische Folge von Motivgefügen zu verfremden, Handlungszusammenhänge durch Einschübe anderer Herkunft zu durchbrechen, Handlungsteile achronologisch umzustellen und zu verschränken oder als Binnen- und Rahmengeschehen zu verschachteln. Schon immer ist man sich, wenn auch mit wechselnder Intensität, der Tatsache bewußt gewesen, daß das *Kunstwerk eine eigene materielle Individualität* besitzt und das künstlerische Verfahren jedes von außen gelieferte Material deformiert, um eben diese Individualität in ihrer Freiheit von den dinglichen Merkmalen des „Nachgeahmten" herzustellen. Außer durch das Gefühl, daß das Stoffliche eine Bindung des dem Realen nicht verhafteten

Der belgische Literaturwissenschaftler Raymond Trousson in „Elemente der Literatur" (1980):

Vor etwa zwanzig Jahren schien die Stoffgeschichte ein Forschungszweig ohne Zukunft zu sein, eine Unheilbare, bei der man nur abzuwarten brauchte, daß sie ihren schönen Tod starb. Aber heute muß man feststellen: Die Kranke hat überlebt, scheint entschlossen, sich trotz aller Argumentationen wohlzubefinden und eher einer Gesundung als einer Agonie entgegenzugehen.

23

Dichters und daher eine nach Möglichkeit zu überwindende Unfreiheit bedeute, ist das Unbehagen am Stofflichen sicher durch die entmutigende Erkenntnis veranlaßt, daß der Autor seinem Publikum etwas stofflich Neues kaum noch anbieten könne. Das Menschliche, das den Hauptinhalt der Dichtung ausmacht, ist, je näher man seinem Kern kommt, gleich oder ähnlich geblieben. Was sich ständig änderte, waren die ökonomischen Bedingungen und ihre Ergebnisse, die zwar für die mit ihnen konfrontierten Generationen oft überwältigend waren, deren Neuigkeitswert aber für die Folgegenerationen rasch erlosch. Die Orgien, die in *Karl Gutzkows* Roman „Wally, die Zweiflerin" (1835) die beginnende Frauenemanzipation feierte, die Eisenbahn- und Maschinenromantik der Brüder *Heinrich* und *Julius Hart,* die Schauer der Kellnerinnen-Verworfenheit des deutschen Frühnaturalismus und der Dirnenlyrik der Expressionisten nötigten Lesern der jeweils nächsten Generation nur ein verständnisloses Kopfschütteln oder Lächeln ab. Der Not der Stoffsuche läßt sich mit solchen peripherischen Motivfunden nicht abhelfen. Diese Not begleitete die Literatur von Generation zu Generation und stand bereits an ihrem Beginn: so ist z. B. aus dem alten Babylon eine Klage erhalten, daß alle poetischen Themen schon verbraucht seien. Ähnliches wird auch heute noch behauptet. In „Montauk" (1978) widerlegt Max Frisch Behauptungen über die Verbrauchtheit von Liebesmotiven durch den Hinweis auf die sich ändernden Bedingungen, im vorliegenden Fall der zwischenmenschlichen Beziehungen.

Die begrenzte Zahl der Sujets einerseits und die vorliegende Masse der literarischen Produktion in den abgelaufenen 3000 Jahren andererseits lassen annehmen, daß *Fülle und Qualität* aus *Möglichkeit, Fähigkeit und Zwang zur Variation* entsprangen. Oft beruhen Eigenart, Erfolg und Überlebenschancen eines Werkes auf kleinen Zufügungen oder Weglassungen und scheinbar unauffälligen Neukombinationen stofflicher Bestandteile. Der Verzicht auf das angeblich fundamental Neue, das besonders von jugendlichen Autoren und von Generationen mit Neigung zum Zeitstoff angestrebt wird, zugunsten einer Bescheidung auf das künstlerische Wie, durch das auch vieles schon oft Dargebotene wieder „wie neu" werden kann, kennzeichnet künstlerische Reife. In diesem Sinne charakterisiert *Adalbert Stifter* die unterschiedliche Bewältigung des Stoffes: Der Dichter „sieht seinen Stoff lange an, ehe er ihn nimmt, und wärs auch nur der Kopf eines Bettelmannes. Wem sich das Wie der Kunst verbirgt, dem verbirgt sich die Fülle des Stoffes, er muß das daher durch Masse ersetzen, und darum braucht ein sprudelnder Jüngling fast die halbe Welt zu einem Trauerspiele, während der denkende Mann beinahe verzagend vor einer einzigen Gestalt des Altertums steht."

Nicht nur der Wert einer Beschäftigung mit dem Stofflichen der Literatur, sondern auch der von Untersuchungen ihres ideellen Gehalts ist bestritten worden. Während jedoch das Bewußtsein, durch „Stoffhuberei", eine im Stile des Positivismus betriebene Stoff- und Motivgeschichte, nicht in das Wesen der Dichtung vorzudringen, schon seit der Wende vom 19. zum 20. Jahrhundert datiert, als der deutsche Kulturphilosoph *Wilhelm Dilthey* den Sinngehalt der Dichtung in den Mittelpunkt der Betrachtung stellte und der Italiener *Benedetto Croce* die Ästhetik der „espressione", des Ausdrucks, entwickelte und die Forschung auf eine Erkenntnis mittels der „fantasia" verwies, geriet die dritte der unter Inhalt zu begreifenden Komponenten, das Thema, erst in jüngerer Zeit in Verruf. Die als Abkehr vom Positivismus vollzogene Entwicklung einer *geistesgeschichtlichen Methode* zeitigte im ersten Drittel des 20. Jahrhunderts vor allem in Deutschland eine Reihe von epochemachenden Arbeiten, die aus der Literatur die geistigen Strömungen einer Zeit oder die weltanschauliche Position eines Autors zu abstrahieren suchten und die ungeachtet aller auf diese Weise gewonnenen Einsichten doch die Gefahr in sich trugen, daß man *Literatur als Vehikel philosophischer Tendenzen* ansah und Literaturgeschichte als Ideen- oder Problemgeschichte betrieb. In Einzelfällen kann sehr wohl Literatur von philosophischen Erkenntnissen eines oder einiger Zeitgenossen bestimmt sein, im allgemeinen hat jedoch Literatur andere Möglichkeiten als die Philosophie, das auszudrücken, was die Zeit geistig bewegt. Dichtung kann sich dem Zeitgeist nicht entziehen, arbeitet aber parallel zur Philosophie und nicht abhängig von ihr. Vom Standpunkt einer dem individuellen Kunstwerk zugewandten Interpretationskunst wie dem des *New Criticism*, der in den vierziger und fünfziger Jahren unseres Jahrhunderts eine maßgebende Position einnahm, mußte die geistesgeschichtliche Richtung als eine die Autonomie des Kunstwerks verletzende und unzureichende Methode erscheinen. *Wolfgang Kayser*, der in seinen poetologischen Anschauungen dem amerikanischen New Criticism verwandt war, erwies an einem einleuchtenden Beispiel, wie unzulänglich geistesgeschichtliche Interpretation sein kann, weil sie das Einzelwerk vordringlich als Exponenten der Weltanschauung des Dichters sieht. Er entwarf eine solche Interpretation am Objekt von *Hölderlins* lehrhaft wirkendem frühen Gedicht „An die jungen Dichter" (1798) und gelangte mit ihr

Croce, *Benedetto* (1866 bis 1952), italienischer Philosoph, Historiker und Politiker. Vertrat einen gegen den Positivismus gewandten Neuidealismus, beschäftigte sich vor allem mit Fragen der Ästhetik.

Hauptwerke:
Estetica come scienza dell'espressione e linguistica generale, 1902; Poesia e non poesia, 1923. Gründete 1903 die Zeitschrift „La Critica".

New Criticism

Der Begriff wurde schon 1911 von Joel E. Spingarn als Titel eines Buches verwandt, aber erst 1941 durch ein Buch gleichen Titels von John Crowe Ransom virulent.

Hauptvertreter:
Kenneth Burke, The Philosophy of Literary Form, 1941
Cleanth Brooks, Modern Poetry and the Tradition, 1947
Allen Tate, On the Limits of Poetry, 1948
René Wellek / Austin Warren, Theory of Literature, 1949

Kayser, *Wolfgang* (1906 bis 1960), deutscher Literaturwissenschaftler, Vertreter der „werkimmanenten Textinterpretation", die außerliterarische Elemente nicht oder nur in geringem Grade in das Interpretationsverfahren einzubeziehen sucht. Sein Hauptwerk „Das sprachliche Kunstwerk" (1948) übte in den ersten Jahrzehnten nach dem zweiten Weltkrieg einen bestimmenden Einfluß auf die deutsche Literaturwissenschaft aus.

Friedrich Hölderlin:

An die jungen Dichter

Lieben Brüder! es reift unsere Kunst vielleicht,
 Da, dem Jünglinge gleich, lange sie schon gegärt,
  Bald zur Stille der Schönheit;
   Seid nur fromm, wie der Grieche war!

Liebt die Götter und denkt freundlich der Sterblichen!
 Haßt den Rausch, wie den Frost! lehrt, und beschreibet nicht!
  Wenn der Meister euch ängstigt,
   Fragt die große Natur um Rat.

zu dem Ergebnis, daß der Dichter sich und seine Generation an der Schwelle zur Reife, zu einer neuen Weltepoche überhaupt, angelangt glaubt und die Gleichstrebenden zu Frömmigkeit, Mitmenschlichkeit, Meidung von Überschwang sowohl wie Verstandeskühle, von Lehrhaftigkeit und Wirklichkeitsnachahmung ermahnt, sie statt an literarische Vorbilder an die Natur als Ratgeberin verweist – Natur als höchste Wertsphäre, deren Ordnung in den kurz zuvor zitierten „Göttern" Gestalt geworden ist. Eine derartige ideengeschichtliche Deutung erfaßt tatsächlich alle in dem Gedicht aufgeworfenen Probleme und bestätigt das, was wir von Hölderlins Gedankenwelt zu diesem Zeitpunkt wissen. Dennoch stößt sie nicht zum Spezifischen des Gedichts vor, weil sie den Ausdruck, den Stil, nicht untersucht. Ein Widerspruch zwischen Gehalt und Stil fällt auf: Das Gedicht warnt vor Lehrhaftigkeit und erteilt Lehren, es tadelt „Frost" und ist frostig, es erwählt sich die Form der Ode und hat Sprachcharakter, verweist an „Götter", die „die jungen Dichter" nicht kennen können, gibt sich sicher und abgeklärt und weiß doch von einem Meister, der „ängstigt". An dieser Stelle ist die Maske des Ratgebenden am durchsichtigsten: Und wie hinter dieser Zeile Hölderlins persönliches Verhältnis zu *Schiller* steht, so enthüllt sich bei genauem Hinsehen, daß Hölderlin nicht zu jungen Dichtern, sondern zu sich selbst spricht und daß die Lehren an andere in Wahrheit Mahnungen, Vorsätze und Entschlüsse sind, die den Autor selbst betreffen. Diesem auf sich selbst bezogenen Gehalt entspräche innerlich die Ode, aber Hölderlin kann deren Form noch nicht erfüllen und verharrt im lehrhaften Spruch-Sprechen. Für Kayser erbringt die Interpretation dieses Gedichts ein Beispiel dafür, „daß die Form selber Gehalt mitbringt und daß der Gehalt nicht in irgendeine Form gegossen werden kann".

Genaugenommen hält sich Kayser jedoch gar nicht im Rahmen der werkimmanenten Interpretation, denn den entscheidenden Zugang zur Deutung, die verschlüsselt angespielte

Beziehung Hölderlins zu Schiller, wurde ja mit einem aus der Biographie Hölderlins genommenen Schlüssel erschlossen, der dem Nichtkenner dieser Biographie verborgen bleiben muß. Wie also ideengeschichtliche Interpretation sich auf die bekannten, schon anderenorts erarbeiteten Grundbegriffe von *Hölderlins* Weltanschauung – Sendung des Dichters, Frömmigkeit, Götter, Natur – stützte, so *Kayser* auf ein biographisches, im Gedicht nicht ausgesprochenes Faktum. Literaturwissenschaftliche Hermeneutik bedarf eben der Absicherung durch Elemente der Erfahrung, die nicht aus dem Text bezogen werden können, sondern aus anderen Bezirken, sei es anderen Texten, der Biographie, der allgemeinen und Geistesgeschichte, der Kenntnis von künstlerischen Strukturen sogar der Nachbarkünste, herangezogen werden müssen. Die werkimmanente Interpretation trägt ja selbst eine werkfremde Komponente in sich, nämlich den Geist des Interpreten, in dem das Werk Gefahr läuft, sich lediglich zu bespiegeln.

Die *seit Beginn der sechziger Jahre zu neuem Ansehen gelangte Motiv-, Stoff- und Themenforschung* will methodisch auf keinen der Faktoren verzichten, die zur Erkenntnis des Sinngehalts eines literarischen Werks und seiner Sinn tragenden und Sinn ausdrückenden Strukturen hinleiten. Dabei spielt es keine Rolle, ob diese Erkenntnishilfen innerhalb oder außerhalb des literarischen Textes anzutreffen sind. Sie will diese Methode ebenso am einzelnen Werk wie an der Geschichte inhaltlicher Konstanten und außerdem an der grundsätzlichen Feststellung von Strukturen bewähren. Die Stoff- und Motivgeschichte, als ein bevorzugtes Übungsfeld des Positivismus zeitweilig etwas unter Beschuß geraten, hat unter den neuen selbstgesetzten Forschungsaspekten beachtlich aufgeholt und ist ein unabdingbarer Bestandteil der vergleichenden Literaturgeschichte geworden, der *Dilthey* sie einst als Arbeitsgebiet zuwies. Nun ist das Vergleichen das methodische Hauptwerkzeug der Stoff- und Motivgeschichte, das sie deshalb mit Bestimmtheit den Zweigen der vergleichenden Literaturwissenschaft zuweist, aber ihr Vergleichen muß nicht im interliterarischen Bereich liegen, für den sich die vergleichende Literaturwissenschaft kompetent erklärt, es findet auch im innerliterarischen Raum statt. Stoff- und Motivgeschichte ist ein Zweig der Poetik überhaupt und kann deshalb auch in Kompendien der nationalen Philologien behandelt werden.

Die *Themenforschung,* bei unscharfer Abgrenzung des Begriffs Thema gegen die Begriffe Stoff und Motiv schon immer mit der Stoff- und Motivgeschichte verknüpft und gelegent-

Hermeneutik (nach dem griech. Verbum für „auslegen, deuten"; vgl. Name des Gottes Hermes, des Mittlers zwischen Göttern und Menschen), die Kunst, Texte und Bildwerke zu deuten. In der Theologie: Auslegung des Alten und Neuen Testaments; in der Philosophie: die von Dilthey zur Methode der Geisteswissenschaft als einer auslegenden Wissenschaft erklärte Kunst des Verstehens im Gegensatz zur naturwissenschaftlichen Methode des Erklärens.

lich bei ihr mit untergebracht, ist als selbständiges Forschungsgebiet jünger, da sie sich erst in den sechziger Jahren etablierte. Sie sollte nicht verwechselt werden mit der sog. *Thematologie,* einer von Frankreich ausgehenden Bezeichnung für Inhaltsforschung überhaupt, die sich bisher aber weder in der angloamerikanischen noch in der deutschsprachigen Forschung durchgesetzt hat; die Abneigung gegen die Bezeichnung beruht auf den unterschiedlichen Bedeutungen des Wortes Thema in den europäischen Sprachen, die nicht zur Deckung zu bringen sind. Themenforschung im deutschen Sinn versteht sich ausdrücklich als Erforschung des Gehalts, der Sinnsphäre literarischer Werke. Bei den Arbeiten auf einschlägigem Gebiet bleiben häufig die Grenzen zwischen Thema und Motiv flüssig, zumindest läßt sich die Einbeziehung des Motivs als eines Thementrägers schwer umgehen. Die drei inhaltlichen Bauelemente Motiv, Stoff und Thema gehören eng zusammen, sind miteinander verzahnt, ergeben sich eins aus dem anderen. Im jeweiligen Thema liegt der eigentliche Ansatzpunkt zur Neuorientierung überkommener Motive und Stoffe. Wer Motive oder Stoffe durch die Jahrhunderte in ihrem Wachstum und Wandel verfolgt, begegnet als auslösenden Momenten für eine neue Sicht auf das stoffliche Material immer wieder der besonderen Gefühls- und Gedankenproblematik eines mit dem Stoff konfrontierten Autors, dem auf gesellschaftlich-politischen Veränderungen beruhendem Ideenkreis einer Generation oder den einem Stoff beim Übertritt von einer Nationalliteratur in die andere entgegentretenden fremden Traditionen sowohl gesellschaftlicher als auch künstlerischer Art. Die gleichen Momente zeigt die Untersuchung der Motiv- oder Stoffentwicklung in den Werken eines einzelnen Dichters: Bei *Goethe* stehen die Veränderungen des Faust-Stoffes vom „Urfaust" bis zu den beiden Teilen des endgültigen Werks ebenso im Zusammenhang mit einem veränderten Lebensgefühl und einer gewandelten Weltanschauung des Dichters, die den Stoff einer neuen Thematik unterordneten, wie seine Umgestaltungen der „Theatralischen Sendung" Wilhelm Meisters zu den „Lehrjahren" und „Wanderjahren".

Diese enge Zusammengehörigkeit der Untersuchungsobjekte Motiv, Stoff und Thema legt es nahe, bisher getrennt Behandeltes näher aneinanderzurücken. Der Darstellung von Motiven und Stoffen ist daher hier die von Themen, soweit es der Stand der Forschung erlaubt, angeschlossen. In allen Fällen soll der Akzent nicht auf das Was des Inhaltlichen, sondern auf das künstlerische Verfahren, auf die Organisation inhaltlicher Elemente, ihre Struktur und ihren Ausdruck gelegt und

Stoffe findet der Autor im ganzen Bereich der natürlichen und geschichtlichen Welt, aber auch in der Welt der Phantasie. Stoffe entstammen vor allem dem Mythos, z.B. der Sage vom Trojanischen Krieg, die in Homers „Ilias" gestaltet wurde (links: Der Kampf um die Leiche Achills), der Bibel, z.B. dem alttestamentlichen „Buch Judith", das unter anderen von Friedrich Hebbel dramatisiert wurde (Mitte rechts: Tilla Durieux und Paul Wegener als Judith und Holofernes in Max Reinhardts Inszenierung

von Hebbels „Judith", Deutsches Theater Berlin, 1910), einer Geschichtsquelle, z.B. der Autobiographie des Ritters Götz von Berlichingen, die durch Goethe in das Drama „Götz von Berlichingen" umgesetzt wurde und damit eine ganze Gattung, die Ritterdramen und Ritterromane, auslöste (Mitte links: Szene aus Goethes „Götz von Berlichingen": Götz und Weißlingen, Gemälde von J.H.W. Tischbein).

Zeitgenössische Ereignisse wurden oft zum Zweck der Dramatisierung durch Verlegung in die Vergangenheit und Namens- sowie Ortsveränderungen verfremdet. So entlieh Zacharias Werner für ein Drama um Napoleon die Gestalt Attilas (links: Illustration Studys zu Werners „Attila"), während Heinrich v. Kleist für eine Darstellung der Unterdrückung durch die Franzosen und der erhofften Befreiung den Arminius-Stoff benutzte. (Unten Mitte: Germanischer Krieger und unten rechts: römischer Legionär, Figurinen für die Aufführung der „Hermannsschlacht" durch das Meininger Hoftheater 1875, von Herzog Georg II. von Meiningen entworfen.)

damit ein Beitrag zur modernen, nicht-normativen Poetik geliefert werden.

Das Stoffliche und die außerkünstlerische Realität

Das *Stoffliche*, das den ganzen Bereich umfaßt, den die natürliche Welt, die historische Welt und die Welt der Phantasie dem Autor anbieten, ist insofern ein zunächst außer- und vorkünstlerisches Element, als das Stoffliche in irgendeiner Form schon *vor dem Kunstwerk da* ist, während andere Strukturelemente der Dichtung, Gehalt und Form, spezifisch geistig-künstlerischen Ursprungs sind. Da es bei vielen Stoffen, besonders bei denen, deren vorkünstlerische Version nicht erhalten blieb, schwierig ist, genau festzustellen, was zu den ursprünglichen Qualitäten des Stoffes gehörte und was erst durch die Gestaltungskraft eines Autors hinzutrat, möchten manche Wissenschaftler einen vorkünstlerischen Rohstoff vom künstlerischen Stoff trennen, andere überhaupt mit Stoff nur eine vorkünstlerische Substanz bezeichnet sehen. Auch in diese seit über fünfzig Jahren bestehende Divergenz der Meinungen spielt wieder die Bewertung des Stofflichen an sich mit hinein. Dichter und Schriftsteller pflegen diese Grenzziehung nicht zu machen und sprechen schlechthin von ihrem Stoff als von dem, was sie vorfanden und was sie gestaltet haben. Zweifellos tritt das Stoffliche erst durch Verschmelzung mit Gehalt und Form in den Bereich des Künstlerischen ein. *Das Stoffliche ist die im Kunstwerk aufgegangene und für das breite Publikum noch erkennbare Realität.* Es ist also auch eine Brücke des Verständnisses – allerdings eine oft vom Publikum überbewertete, weil das Publikum geneigt ist, die Kunst an diesem Realitätsgehalt und an der Übereinstimmung dieses Realitätsgehaltes mit seinen eigenen Anschauungen zu messen.

Hugo von Hofmannsthal spricht von einem mythologischen Sternhimmel, der sich über dem ganzen älteren Europa gespannt habe. Dies ist eine Formulierung der Tatsache, daß frühere Epochen ihre Stoffe meist dem Schatz der *Mythologie* und *Religion* entnahmen. Die Mythen von den Liebesbündnissen des Zeus, von den Verstrickungen des Tantalidengeschlechts und den Taten des Theseus sowie die mythisierte Historie vom Trojanischen Krieg waren den griechischen Tragikern ebenso vertraut, wie die Helden des Alten Testaments, der Leidensweg Christi, die Gestalten der Gleichnisse, die Märtyrer und Heiligen den Dichtern des Mittelalters und der frühen Neuzeit innerlich nahestanden. Mit solchen Kenntnissen verband sich bei beiden Auftrag oder Wille, die ihren Mitmenschen bekannten stofflichen Umrisse durch literarische Produktionen zu vertiefen und zu modifizieren.

Geschichte – oft schon mythisierte Geschichte – war einer der weiteren großen Stofflieferanten. *Geschichtsdichtung* im engeren Sinne setzte allerdings erst in der frühen Neuzeit ein, die sowohl die ihr durch humanistische Studien nahegebrachten antiken Stoffe als auch schon Stoffe aus der germanischen Frühzeit in das Feld der Poesie einbezog. Der *Barock* öffnete dann die Pforten für die Behandlung geschichtlicher Ereignisse vor allem des Vorderen, aber auch des Fernen Orients: Sultan Mohammed, Bajasid, Tamerlan (Timur), Skanderbeg oder der hinterindische Gewaltherrscher Chaumigrem hielten Einzug in die europäische Literatur. Aus der mittleren und neueren Geschichte wurden später Geschehnisse um Philipp von Spanien und seinen Sohn Don Carlos, um Elisabeth von England und Maria Stuart, um Kolumbus, Wallenstein und Gustav III. von Schweden sowie auch um Männer der Geistesgeschichte, wie den Kunsthistoriker Johann Joachim Winckelmann und den Dichter Lord Byron, zu vielbehandelten Stoffen.

Außer der Kenntnis zurückliegender Ereignisse haben auch *Berichte über Zeitgeschehen* Anstoß zu Dichtungen gegeben. Frühgermanische Dichtung besang in Preisliedern Taten zeitgenössischer Krieger und Fürsten. Im späten Mittelalter schlugen bewegende Ereignisse der Zeit sich im sog. historischen Volkslied nieder. Pilgerberichte über das Auftauchen eines uralten, geheimnisvollen Juden ließen die ersten Ahasver-Dichtungen entstehen. Die Nachricht über die Wiederentdeckung des unverwesten Leichnams eines verschütteten Bergmanns erbrachte im Laufe wiederholter Behandlung den Bergmann-von-Falun-Stoff.

Pierre-Augustin Caron de Beaumarchais' Beschreibung seiner Reise nach Spanien und seiner dortigen Auseinandersetzung mit dem Liebhaber seiner Schwester lösten *Johann Wolfgang von Goethes* Drama „Clavigo" (1774) aus, und Vorkommnisse in der zeitgenössischen Berliner und märkischen Gesellschaft lieferten die stoffliche Grundlage für mehrere Romane *Theodor Fontanes*, z.B. für „L'Adultera" (1880), „Unwiederbringlich" (1891) und „Effi Briest" (1894/95).

Seit der Epoche des Sturm und Drang und der These, daß geniale Dichtung Erlebnisdichtung sei, ist es üblich geworden, das eigene Erlebnis des Dichters höher als andere Stoffquellen einzuschätzen. In *Goethes* „Die Leiden des jungen Werthers" (1774) verbinden sich Elemente aus Nachrichten über das Schicksal des jungen Philosophen Jerusalem mit selbsterlebten Konflikten Goethes in Wetzlar und Frankfurt. Die Er-

Schäferdichtung der Anakreontik

Friedrich von Hagedorn (1708–1754):

Die Küsse

Als sich aus Eigennutz Elisse
Dem muntern Coridon ergab,
Nahm sie für einen ihrer Küsse
Ihm anfangs dreißig Schäfgen ab.

Am andern Tag erschien die Stunde,
Daß er den Tausch viel besser traf.
Sein Mund gewann von ihrem Munde
Schon dreißig Küsse für ein Schaf.

Der dritte Tag war zu beneiden:
Da gab die milde Schäferinn
Um einen neuen Kuß mit Freuden
Ihm alle Schafe wieder hin.

Allein am vierten giengs betrübter,
Indem sie Herd' und Hund verhieß
Für einen Kuß, den ihr Geliebter
Umsonst an Doris überließ.

lebnisse der Titelfigur in *Gottfried Kellers* Roman „Der grüne Heinrich" (1854/55) sind weitgehend an des Dichters eigenen Reifeprozeß angelehnt, und der Liebeskonflikt des alternden Mannes, den *Gerhart Hauptmann* in den Mittelpunkt seines Dramas „Vor Sonnenuntergang" (1932) stellte, beruht ebenfalls auf Erfahrungen des Autors.

Selbstverständlich gibt es auch Dichtungen, in denen sich für den eigentlichen Handlungsfaden, den Ablauf der Ereignisse, kein Modell entdecken läßt und die den Anschein des „Neuen" erwecken. Der Italiener *Jacopo Sannazaro* schrieb mit seinem Roman „Arcadia" (1502) den ersten Schäferroman, der das Muster für zahlreiche Nachahmer wurde. Sein Erfolg beruhte darauf, daß Sannazaro einem menschlichen Wunschbild auf neue Weise Gestalt gab und eine von der zeitgenössischen Wirklichkeit unabhängige Welt von Liebenden und für Liebende schuf, in der sich Liebe ohne Rücksicht auf moralische und gesellschaftliche Tabus verwirklichen konnte. Pastorale Dichtung als gesellschaftlicher und künstlerischer Fluchtraum hat bis in das ausgehende 18. Jahrhundert eine bedeutende Rolle in der europäischen Literatur gespielt. *Goethe* schrieb mit dem „Wilhelm Meister" (1795/96 und 1829) einen die nachfolgende deutsche Literatur entscheidend beeinflussenden Entwicklungsroman, dessen Handlungszusammenhang mit Ausnahme der autobiographischen Elemente in der Kindheitserzählung und der Einbeziehung der zeitgeschichtlichen Situation des deutschen Theaters frei erfunden wurde. Der den Helden von Stufe zu Stufe führende, ihn abklärende und seinen Gesichtskreis erweiternde Werdegang Wilhelm Meisters wurde nicht nur für ähnliche Entwicklungsromane von *Novalis, Eduard Mörike, Gottfried Keller* und *Wilhelm Raabe*, sondern auch für ein deutsches Bildungsideal vorbildlich. Seit dem Schaffen einiger deutscher Romantiker war das Irrationale, das Zauber- und Spukhafte sozusagen, in der deutschen Literatur etabliert. Neuartig waren z. B. die traumhafte Durchlässigkeit der Realität in *Ludwig Tiecks* „Blondem Eckbert" (1797), das Ringen einer Nixe um Liebe und Beseelung in *Friedrich de La Motte-Fouqués* „Undine" (1811) sowie die phantastischen Doppelgänger und die Ich-Spaltungen im Werk *E. T. A. Hoffmanns*, die bis zu *Fedor Michajlovič Dostoevskij* hin nachwirkten. Ist in diesen Fällen auch die *Fabel als Ganze frei erfunden*, so ergibt sich bei näherem Zusehen doch, daß auch hier die These, das Stoffliche sei vor dem Kunstwerk da, in etwas modifizierter Weise zutrifft. Das Tradierte liegt hier nicht im Ganzen, sondern im Detail. Einzelne stoffliche Bestandteile dieser Werke gab es schon früher, sie wurden aber auf eine

Motive spiegeln menschliche Grundsituationen, Wunschträume und Angstsituationen wider: Das Doppelgängermotiv kann für komödiantische Verwechslungsszenen (links: Amphitryons Diener Sosias und sein göttlicher Doppelgänger Merkur in John Drydens „Amphitryon", Henry Woodward in der Rolle des Sosias; Kupferstich von E. Edwards/J. Goldar in der Reihe „New English Theatre", London 1777) ebenso genutzt werden wie für bedrohliche Wahnvorstellungen (unten Mitte: Kreisler im Wahnsinn, Zeichnung von E. T. A. Hoffmann), die in der Spaltung des Ich enden (unten rechts: Illustration A. Kubins zu Dostojevskijs „Der Doppelgänger")

neue Art zusammengekoppelt, und das Verdienst des Dichters liegt in der genialen *Verknüpfung* vorher getrennt gewesener und in andere, verschiedene Zusammenhänge gehöriger thematischer Partikeln. Eine solche Zusammenschau liegt mit Sannazaros Roman vor, der den alten Menschheitstraum vom Paradies oder vom Goldenen Zeitalter wiederbelebte, ihn in einem idyllischen Hirtenland, Arkadien, das Sannazaro bis in alle Einzelheiten in *Vergils* „Bucolica" (41–37 v. Chr.) vorgeprägt fand, ansiedelte und den Hauptakzent des freiheitlichen Hirtenlebens auf die Liebesfreiheit der Gestalten legte, die schon von *Theokrit* und *Ovid* als Kennzeichen der Menschen des Goldenen Zeitalters angeführt wurde. Goethe faßte im „Wilhelm Meister" sowohl bewußt als unbewußt zusammen, was schon zuvor in *Wolframs von Eschenbach* „Parzival" (1200/10), in *Hans Jakob Christoffel von Grimmelshausens* „Abenteuerlichem Simplicissimus" (1669), in Romanen der deutschen und englischen Aufklärung und vor allem in *Christoph Martin Wielands* „Agathon" (1766/67) vorgeformt worden war. Von Wieland übernahm er zum Beispiel das Motiv, daß der junge Held, von der Wichtigkeit der eigenen Erlebnisse überzeugt, einer von seinen Enthüllungen keineswegs faszinierten Geliebten seine Kindheitsgeschichte erzählt mit der Wirkung, daß die Schöne dabei einschläft; ein der Technik des Erzählens wie der Charakterisierung der Personen gleich dienlicher Zug. Die Romantiker wiederum griffen mit ihren so neuartig scheinenden dämonisch-phantastischen Stoffen auf Vorstellungen des Volksglaubens zurück. Die Spukwelt des „Blonden Eckbert" entspringt einer Mischung aus Märchenmotiven und der die Romantiker faszinierenden Struktur des Traums, bei der unter anderem eine Gestalt in die andere übergeht. *Fouqués* rührende Nixengestalt entstammt einem Buch des spätmittelalterlichen Naturforschers und Arztes Paracelsus über Nymphen, Sylphen und andere Geister sowie der dort erwähnten Sage von Peter von Stauffenberg, dessen Liebesbündnis mit einer elbischen Frau tragisch endet. *E. T. A. Hoffmanns* Doppelgängermotiv hat eine sehr alte Tradition. Schon antike Verwechslungskomödien bedienten sich handfester Doppelgänger, aber auch die übernatürliche Spezies des Doppelgängers gibt es in Sage und Märchen bereits seit dem Trugbild der Helena bei *Stesichoros* um 600 v. Chr. Der erstmalig mit den Erscheinungen der Hypnose und des Biomagnetismus arbeitende Mesmerismus und das allgemeine Interesse am Übersinnlichen aktualisierten um 1800 das Motiv, das von *Jean Paul* in die höhere Literatur eingeführt und von E. T. A. Hoffmann in vielen Varianten erprobt wurde.

Motivkonstanz und Stofftradition

Hinsichtlich des Stofflichen lassen sich also Werke der Literatur unterscheiden, deren als Stoff bezeichneter Handlungszusammenhang der Autor erfand, für den ihm aber fruchtbare, nach Ausbau verlangende Handlungsteile, sog. Motive, als gewissermaßen vorgeformte Bauelemente zur Verfügung standen, und solche, deren Stoff der Autor schon wenigstens in Umrissen vorfand. Diese *vorgeprägten Einzelteile und Ganzheiten* – Motive und Stoffe – haben oft eine merkwürdig *widerstandsfähige Konsistenz* und eine jahrhunderte-, sogar jahrtausendealte, wenn auch zeitweise nur in dünnen Fäden verlaufende Tradition. Sie erlangen Aktualität, wenn die ihnen zugrunde liegenden Vorstellungen die Menschen erneut bewegen. Was an ihnen im Augenblick, gemessen an unmittelbar Vorhergehendem, neu wirkt, kann sich jedoch längst Vergangenem annähern, denn auch das auslösende neue Thema ist vielleicht in früherer Zeit schon einmal in Erscheinung getreten.

Zu den vielen reizvollen Fragen stoff- und motivgeschichtlicher Untersuchungen gehören die nach dem Ursprung solcher Zählebigkeit stofflicher Substanzen und die nach der Eignung bestimmter Stoffe und Motive für sie. Manche Stoffe sind in ihrer Totalität wiederholt behandelt worden, z. B. der zuerst in der Tragödie des *Sophokles* (441 v. Chr.) behandelte Antigone-Stoff. Andere haben nur in einzelnen Motiven oder als Symbol weitergelebt, wie der von *Miguel de Cervantes* (1605 und 1615) als Satire gegen den Ritterorden erfundene *Don-Quijote-Stoff*. Wieder andere sind nach ihrem ersten Auftauchen bisher nicht wieder aufgegriffen worden. Mit dem Plakat „überzeitliche Bedeutung" ist zwar manches, aber nicht alles an solcher Langlebigkeit in Deckung zu bringen. Selbst ein Überblick über zahlreiche stoff- und motivgeschichtliche Längsschnitte bringt außer vielen Überraschungen keineswegs Kriterien, nach denen man heute auftauchenden neuen Motiven oder Stoffen traditionsbildende Fähigkeit prophezeien könnte. Als ich vor einigen Jahren für den Band „Die Literatur" in der Reihe „Wissen im Überblick" den Beitrag über Motive und Stoffe schrieb, der die Grundlage des vorliegenden Buches geworden ist, habe ich an dieser Stelle als Beispiel für einen Stoff, der „bisher nicht wieder aufgegriffen" wurde, den von *Gustave Flauberts* viel gelesenem Roman „Madame Bovary" (1856) genannt. Inzwischen hat eine solche Stofferneuerung doch stattgefunden. *Jean Améry* nahm sich 1978 in dem Roman „Charles Bovary, Landarzt – Porträt eines einfachen Mannes" des gehörnten Ehemanns der kapriziösen, „unverstandenen" Frau an und rechtfertigte diesen „Mittelmäßigen" gegenüber seinem Autor Flaubert, der das Mittelmaß verachtete und sich mit seiner ehebrecherischen Heldin und ihren unerfüllten Wunschträumen identifizierte. Améry interpretiert den Stoff neu mit Hilfe eines wiederbelebten aufklärerisch-humanistischen Gedankenguts, das die anti(spieß)bürgerliche Haltung Flauberts in negativem Licht erscheinen läßt. Offensichtlich ist zu keinem Zeitpunkt über einen Stoff das letzte Wort gesprochen.

Flaubert, *Gustave*
(1821–1880), bedeutender französischer Romancier, Vertreter des Realismus, in dessen Werk jedoch die romantische Komponente stets lebendig blieb. Nervenkrankheit, Lebens- und Zeitekel überwand er durch ein strenges Arbeitsprogramm sowie ein Gehalt und Form in eins zwingendes Schönheitsideal.

Hauptwerke:
Madame Bovary, Roman 1857; Salammbô, Roman 1863; L'Education sentimentale, Roman 1870; La Tentation de Saint-Antoine, Roman 1874.

Motiv

Die Funktion von Motiven

Nach biologischen Erfahrungen überlebt eher ein Teil als ein Ganzes. Motive haben nicht nur eine außerordentliche Lebensdauer, sondern sind eigentlich alle schon von Beginn der Dichtungsgeschichte an da. Das hängt jedoch nicht nur mit ihrem Teil-Charakter, also damit zusammen, daß sie eine kleinere Einheit bilden, sondern damit, daß sie eine *movierende und amalgamierende Kraft* haben. Ihre Funktion ist nicht die eines Mauersteins in einer Mauer, sondern die einer Zelle in einem Organismus. Das Motiv ist zwar nur Teil, aber ein Teil mit der Fähigkeit und Funktion, das Ganze des Stofflichen zu durchdringen und zu bestimmen. Motive sind die Kristallisationskerne des Inhalts.

Da Motive zu den *stofflichen Strukturelementen* der Dichtung gehören, dürfen sie keinesfalls mit Ideen oder Problemen gleichgesetzt werden. Sie stellen ein durchaus konkretes, inhaltliches, situationsmäßiges Element im Aufbau der Dichtung dar, das in sich einheitlich und abgeschlossen ist, aber die Fähigkeit hat, sich mit anderen, ähnlichen Elementen zu verbinden und mit ihnen zusammen schließlich einen Plot, einen ganzen Stoff, zu ergeben. Nun gibt es anderseits eine Fülle von Konkreta, die in der Wirklichkeit vorkommen und in Dichtungen aufgenommen werden können, ohne daß man ihnen den Charakter eines Motivs zuerkennen würde. Solche Konkreta haben nur die oben erwähnte Funktion des Mauersteins, der irgendwo mitverwendet wird, aber sie haben nicht die für das Motiv bezeichnende movierende, keimträchtige Kraft. Es erscheinen z.B. in zahllosen Dichtungen Landschaften, ohne eine bestimmende Kraft dieser Dichtungen darzustellen. Nur in Einzelfällen üben Landschaften eine solche Funktion aus. So spielt in *Adalbert Stifters* Novelle „Der Hochwald" (1842) der Wald gewissermaßen mit und hat eine den Erzählfluß spannende, außerdem auch noch eine symboltragende Kraft. Solche Funktion aber kommt dem „Wald" nur in Ausnahmefällen zu. In zahlreichen Dichtungen spielen Vertreter bestimmter Verhaltensweisen oder Berufsgruppen eine Rolle, ohne daß sie ein unabdingbarer Teil der Handlung wären. Ein Überblick über die Gestalt des Bauern oder des Lehrers in der Literatur liefert im wesentlichen sozialgeschichtliche Belege, jedoch nicht literarästhetische Erkenntnisse. Beide erscheinen in sehr unterschiedlichen Handlungsbezügen, die untereinander keine Tradition bilden. Eine künstlerisch relevante Figur und nicht bloße Staffage war der Bauer in einzelnen Epochen und Gattungen, in der höfischen Dorfpoesie des Mittelalters, im Fastnachtspiel, in der Dorfgeschichte des 19. Jh. und ihrem Nachfahren, der Blut-und-Boden-Literatur. In *Heinrich Manns* Roman „Professor Unrat" (1905) beruht die Brisanz der Handlung auf der Tatsache, daß der durch seine späte Liebe zu einer Chansonette sich ruinierende Mann ein das moralische Wohlverhalten seiner Schüler besonders streng beaufsichtigender Lehrer ist. Durch diesen Einzelfall nimmt jedoch der Typus Lehrer genausowenig wie die Landschaft Wald grundsätzlich und für immer Motivcharakter an. Nahezu jedes aussagekräftige dingliche und personelle Element, das im allgemeinen nur die Aufgabe eines charakterisierenden oder stimmunggebenden Zuges hat, kann durch einen Autor im speziellen Fall Motivfunktion übernehmen. Da die einzelnen Motive innerhalb einer Dichtung verschiedenes Gewicht haben, lassen sich nach ihrem mehr oder weniger stark handlungsbestimmenden Charakter *Haupt-* oder *Kernmotive, Nebenmotive* sowie *Füll-* und *Randmotive* unterscheiden.

Motive in der Literatur:
Haupt- oder Kernmotive
Nebenmotive
Füllmotive
Randmotive

Es sei hier angemerkt, daß das sog. *Leitmotiv* – ein Begriff, der aus der Musik auf die Literatur übertragen wurde – nicht zu den eigentlichen Motiven zu rechnen ist. Das Leitmotiv, ursprünglich die einer Person oder Situation zugeordnete Tonfolge, ist die Wiederholung der gleichen Wortfolge, in Anklängen oder mit leichten Abwandlungen, an verschiedenen Stellen einer Dichtung, die wegen ihrer inneren Gemeinsamkeit auch äußerlich miteinander in Beziehung gesetzt werden sollen. Sie sind weniger stoffliche als stilistische, tektonische, gliedernde Elemente, die jenen musikalischen Effekt haben und einem Refrain gleichen; ihren stereotypen Auftrag erfüllen sie am ehesten, wenn sie selbst schon Zitate aus anderen Dichtungen sind. Allerdings ist mit dieser Aufgabe die Möglichkeit gegeben, daß Leitmotive auf den Gehalt des Werkes verweisen und somit Symbolcharakter haben können.

Es gibt Bauelemente, deren motivlicher, handlungstragender Charakter unabhängig davon wirksam wird, ob sie ins Zentrum der Handlung gerückt oder mehr an deren Rand belassen werden. Führt ein Autor in eine Handlung einen Menschen ein, der einen Doppelgänger hat oder zu haben glaubt, ohne dem Anstoß, den dieses Motiv in die Handlung bringt, nachzugeben und die Chancen zu nutzen, die es für die Konfliktgestaltung bietet, so begibt er sich einer nahezu automatischen Wirkung. Das Motiv bleibt *stumpf* oder *blind* und ist seiner Funktion beraubt. Solche fast als künstlerisches Versagen bewertbaren Unterlassungen finden sich in der Volksdichtung, in Sage und Märchen, und sind auf deren mündliche Weitergabe von Erzähler zu Erzähler zurückzuführen, durch die der Nexus der Handlung sich lockert und die durchgestaltende Absicht verblaßt. Sie sind nicht nur erklärlich, sondern machen sogar den der Volkspoesie eigenen Reiz der Undeutlichkeit aus. In der Kunstdichtung verwendet jedoch nur die Detektivliteratur stumpfe und blinde Motive legal, da sie den Leser bei der Verbrechersuche auf eine falsche Fährte führen können. Dennoch können blinde Motive auch in der Kunstliteratur durch mögliche Konnotationen eine ästhetische Bereicherung bilden.

Motive als Formulierung menschlicher Grundsituationen

Versucht man, aus der großen Fülle von Motiven im Werk einzelner Autoren, in Epochen oder in Gattungen diejenigen herauszusondern, die jene anfangs betonte Resistenz gegenüber dem Wandel der Zeiten besitzen, immer wieder und in allen europäischen Literaturen auftauchen und so eine lange Tradition gebildet haben, so ergibt sich, daß sie von existentieller Bedeutung sind, *menschlichen Grundsituationen*, *Grundwünschen* und *Grundängsten* entstammen und diese formulieren. Ein echtes, dauerhaftes Motiv kennzeichnet eine Konfliktsituation, einen Widerspruch in sich, eine Gegensätzlichkeit. Auf dieser Eigenschaft beruht seine die Handlung vorantreibende Kraft.

Die Liebe zweier Menschen, an sich eine naturgemäß jede Handlung in Bewegung setzende Situation, kann als Ganzheit und mit allen Varianten nicht als literarästhetisch praktikables Motiv gehandhabt werden, da es die Ausmaße und die Variationsbreite der Literatur selbst annähme. Die Liebe in bestimmten eng umgrenzten Spezialsituationen aber taucht literarisch immer wieder nahezu stereotyp auf und hat mit ihren Lösungsversuchen eine in sich geschlossene Traditionskette gebildet.

Die *Liebessituation zweier Menschen, die verfeindeten oder sozial ungleichen Familien entstammen*, gehört der Wirklichkeit aller Zeiten und Völker an und nimmt, trotz aller Bemühungen um die Ausräumung von Vorurteilen und nach Überwindung der jeweils herrschenden Vorurteile, nur veränderte Formen an. Nach einer etwas vereinfachenden Formel betrifft sie zwei Menschen aus verschiedenen Schichten mit vorgezeichneten Lebensaufgaben, die ein Gefühl eint, das dem

Herkommen widerstreitet. Auf diesem Grunde wurzeln die traurige Romanze von den zwei Königskindern, die nicht zusammenkommen konnten, und die Geschichte von Romeo und Julia. Alle Tragödien um die illegitime Liebe eines Herrschers haben sich die affektiven Werte dieses Motivs zu eigen gemacht: die literarischen Behandlungen der Liebe Albrechts von Bayern zu der Baderstochter Agnes Bernauer, Kaiser Karls V. zu der Regensburger Bürgerstochter Barbara Blomberg, der Beziehung zwischen Alfons VII. von Kastilien und der schönen Jüdin von Toledo, der heimlichen Ehe zwischen dem Infanten Dom Pedro von Portugal und der Kastilierin Ines de Castro, deren einflußreiche Familie von Pedros Vater gefürchtet wurde.

Die durch Konvention oder Widersacher erzwungene Verheimlichung einer Liebesbeziehung mit oft tragischem Ausgang, wie er etwa an derjenigen zwischen Heinrich II. von England und „Fair Rosamond", der im Park von Woodstock verborgenen Rosamunde de Clifford, wiederholt exemplifiziert worden ist, ermöglicht die Abgrenzung eines weiteren Liebesmotivs, des der *heimlichen Liebe bzw. Ehe*. Es gewinnt seinen Reiz nicht nur durch die intime Begegnung zweier Liebender, sondern vor allem durch die Gefahr, in die sich die heimlich Liebenden begeben und in der sie oft genug umkommen. Solch gefahrumwittertes Beieinandersein beginnt bei dem antiken Liebespaar Hero und Leander, wird in der indischen Literatur etwa durch das Vasantasenā-Drama des *Śūdraka* repräsentiert, ritt mit Minnedienst und Minnesang in das Zentrum mittelalterlicher höfischer Dichtung, gipfelnd in „Tristan", und erreicht am Beginn der Neuzeit einen abermaligen Höhepunkt in *Shakespeares* „Romeo und Julia". Die

Julia:	Romeo:
Willst du schon gehn? Der Tag ist ja noch fern. Es war die Nachtigall und nicht die Lerche, Die eben jetzt dein banges Ohr durchdrang; Sie singt des Nachts auf dem Granatbaum dort. Glaub', Lieber, mir: es war die Nachtigall.	Die Lerche war's, die Tagverkünderin, Nicht Philomele; sieh den neid'schen Streif, Der dort im Ost der Frühe Wolken säumt. Die Nacht hat ihre Kerzen ausgebrannt, Der muntre Tag erklimmt die dunst'gen Höhn; Nur Eile rettet mich, Verzug ist Tod. **(Shakespeare: Romeo und Julia)**

Frau ist in allen diesen Fällen bewacht und daher ihrer Bewegungsfreiheit beraubt, der Mann aufgerufen zum Wagnis, alle Hindernisse zu überwinden. Gefährdet und mit Tod bedroht sind beide, besonders im Falle eines durch die Liebesbeziehung vollendeten Ehebruchs. Außer dem tragischen Ausgang gibt es versöhnliche bis heitere Lösungen, die den Sieg der listenreichen Liebenden über einen hintergangenen Vater oder

zum Hahnrei degradierten Ehemann darstellen. Beispiele für
das letztere lieferte bereits das Mittelalter, etwa mit dem provenzalischen Versroman „Flamenca", und für jene mildere
Form des Betruges an den Eltern des Mädchens vor allem die
Gattung der Rührkomödien des 18. Jahrhunderts, etwa *D.
Cimarosas* in diesen Zusammenhang gehörende vielgespielte
Oper „Die heimliche Heirat". Das Handlungsschema bleibt
unverändert, wenn es sich nicht um heimlich Liebende, sondern um heimlich Verheiratete handelt: Auch sie leben getrennt voneinander und sind zudem den gleichen Anfeindun-
gen sowie Ängsten unverheirateter Liebender ausgesetzt, als
die sie wegen der Heimlichkeit ihrer moralisch eigentlich ma-
kellosen Beziehung gelten. Wegen ihres „romanesken" Charakters war diese Motiv-Sonderform zeitweilig sehr beliebt.
Eine andere spannungsreich ausformbare Liebessituation ist
der *Konflikt eines Mannes zwischen zwei Frauen*, die er beide
gleich stark liebt und auf deren keine er verzichten möchte,
sowie diejenige einer Frau zwischen zwei Männern, deren
hervorstechende und meist gegensätzliche Eigenschaften sie
am liebsten in einer Person vereinigt sähe. Große Dichtungen
aller Zeiten haben ihren Konfliktsgehalt aus dieser Situation
bezogen: Odysseus wird trotz seiner Liebe zur treuen Ehefrau Penelope auf seiner Heimfahrt wiederholt durch die
Neigung zu anderen Frauen vom Wege abgelenkt; der Siegfried der Nibelungensage steht zwischen der Walküre Brünhild und der menschlich-zärtlichen Kriemhild, der grüne
Heinrich in Kellers gleichnamigem Roman zwischen dem
dörflichen Schulmeisterstöchterlein Agnes und der klugen,
frei denkenden jungen Witwe Judith. Einer der ersten großen
Frauenromane der Neuzeit, „La Princesse de Clèves" (1678)
der *Marie-Madeleine Comtesse de La Fayette*, stellte die tu-
gendhafte Heldin zwischen den überkonventionell vorbildlichen Ehemann und den keineswegs vorbildlichen, allerdings
leidenschaftlichen Anbeter, in *Goethes* 100 Jahre danach er-
schienenem Roman „Die Leiden des jungen Werthers" steht
Lotte zwischen dem etwas trockenen Verlobten Albert und
dem empfindsamen Werther, und gegen Ende des nächsten
Jahrhunderts wechselte *Fontanes* Effi Briest zwischen dem
kühlen Ehemann und dem galanten Crampas, von denen keiner Effis unerweckter Seele gerecht werden und ihr Liebes-
bedürfnis erfüllen kann.
Halten sich diese Liebesmotive im Bereich menschlicher und
gesellschaftlicher Erfahrungen, so rührt das *Motiv der Ver-
fallenheit eines Mannes an eine dämonisch bestrickende Frau*
schon an den Bezirk von Angstvorstellungen. Die Frau als
teuflische Verführerin ist in Eva und dem durch sie herbeige-

führten Sündenfall, in der den starken Simson „entmannenden" Dalila sowie in den zauberischen Figuren von Helena und Circe seit jeher vorgeprägt. In Sage und Märchen haben verführerische Frauen die Züge von Elfen, Wasserfrauen und Teufelinnen, die bis in die Kunstliteratur vordrangen: in *Torquato Tassos* „Befreitem Jerusalem" (1581), in *Jacques Cazottes* „Diable amoureux" (1772), in *Heinrich von Kleists* „Käthchen von Heilbronn" (1810), *Samuel Taylor Coleridges* „Christabel" (1816) und *Théophile Gautiers* „La Morte amoureuse" (1836). Elfenhaft, nixenartig und teuflisch sind die dämonischen Frauen und Vamps der Literatur des späten 19. und des 20. Jh.: *Karl Gutzkows* Lucinde („Der Zauberer von Rom", 1858/61), *Dostoevskijs* Gruschenka („Die Brüder Karamasow", 1880), *Wedekinds* Lulu („Erdgeist", 1895), *Heinrich Manns* Kathi Fröhlich („Professor Unrat", 1905), eine ganze Reihe verführerischer Gestalten im Werk *Gerhart Hauptmanns* oder die behexende Femme fatale in *Henry Millers* Roman „Sexus" (1949).

Auch andere Motive um zwischenmenschliche Beziehungen stehen auf der Grenze zwischen realer Erfahrung und Furcht- und Wunschdenken. Das Auftauchen eines Bruders ist in einer Handlung zunächst nur etwas Alltägliches, das Auftreten eines feindlichen Bruders aber wird in dem entsprechenden Stoff zum brisanten Element. Diese Brisanz des Motivs beruht darauf, daß Feindschaft hier zwischen Menschen herrscht, die sich, besonders nach religiös- und humanitärsozialethischer Vorstellung, lieben sollten. Im *Motiv der verfeindeten Brüder* gewann eine Urbedrohung des Menschen Gestalt, die auch die Wirklichkeit überschattete und möglicherweise erbbiologisch erklärt werden könnte, die aber in der Literatur eine offenbar hochgesteigerte Rolle spielt. Am Anfang dieser Motivreihe stehen die biblischen Brüder Kain und Abel und die griechischen Sagengestalten Atreus und Thyestes sowie Eteokles und Polyneikes, am vorläufigen Ende *John Steinbecks* an das alttestamentliche Urbild anknüpfender Roman „East of Eden" (1952). Ähnliches gilt vom *Vater-Sohn-Konflikt*, der, mag man *Sigmund Freuds* These vom Ödipuskomplex als Erklärung heranziehen oder nicht, eine zunächst als widernatürlich angesehene Konfrontierung zweier zu gegenseitiger Liebe verpflichteter Personen darstellt, aber schon in der Frühzeit der Literatur – etwa als Tötung der Kinder des Kronos durch ihren Vater – die gleiche Kraßheit zeigt wie die Vater-Sohn-Dichtung des Expressionismus von *Walter Hasenclever, Arnolt Bronnen, Anton Wildgans, Franz Werfel* und wie *Franz Buchriesers* „Hanserl" (1971).

Goethe:
Der Fischer (1778)

Das Wasser rauscht', das Wasser
                              schwoll,
Ein Fischer saß daran,
Sah nach dem Angel ruhevoll,
Kühl bis ans Herz hinan.
Und wie er sitzt und wie er lauscht,
Teilt sich die Flut empor:
Aus dem bewegten Wasser rauscht
Ein feuchtes Weib hervor.

Sie sang zu ihm, sie sprach zu ihm:
Was lockst Du meine Brut
Mit Menschenwitz und Menschenlist
Hinauf in Todesglut?
Ach wüßtest Du, wie's Fischlein ist
So wohlig auf dem Grund,
Du stiegst herunter, wie Du bist,
Und würdest erst gesund.

Labt sich die liebe Sonne nicht,
Der Mond sich nicht im Meer?
Kehrt wellenatmend ihr Gesicht
Nicht doppelt schöner her?
Lockt Dich der tiefe Himmel nicht,
Das feuchtverklärte Blau?
Lockt Dich Dein eigen Angesicht
Nicht her in ew'gen Tau?

Das Wasser rauscht', das Wasser
                              schwoll,
Netzt' ihm den nackten Fuß;
Sein Herz wuchs ihm so sehnsuchts-
                                  voll,
Wie bei der Liebsten Gruß.
Sie sprach zu ihm, sie sang zu ihm;
Da war's um ihn geschehn:
Halb zog sie ihn, halb sank er hin,
Und ward nicht mehr gesehn.

Die Literatur hat fast zum Ausgleich für diesen furchterre-
genden Konflikt aus menschlichem Wunschdenken das entgegengesetzte *Motiv der Vatersuche* entwickelt, bei dem der
vom Vater früh getrennte Sohn diesen als Ideal verehrt, ihm
durch viele Länder suchend folgt und ihn schließlich trifft,
nachdem er sich – in der Frühzeit oft durch einen Kampf mit
dem Unbekannten – als ihm ebenbürtig erwiesen hat. Dieses
Aufeinandertreffen der füreinander Unbekannten kann auch
zum tragischen Ausgang der Vatersuche führen wie in der
griechischen „Telegonie", in der Telegonos, Sohn des Odysseus und der Circe, seinen Vater tötet, in der Geschichte von
Rustam und Suhrab des persischen Dichters *Ferdausī* (um
1000) oder in der altirischen Sage von Cuchulinn und Conla.
Das mittelalterliche europäische Epos variierte Erzählungen
von der Suche nach dem Vater vielfach, die sich dann bei den
Barockdichtern *Grimmelshausen* und *Johann Beer* und in *Fé-
nelons* „Les Aventures de Télémaque" (1699) wiederholten
und in der Romantik z. B. von *Clemens Brentano* und *Walter
Scott* erneuert wurden. Überraschend taucht dieses archai-
sche Motiv in der Gegenwartsliteratur bei *Otto F. Walter*
(„Der Stumme", 1959), *Fernando Arrabal* („Baal Babylon",
1959) und *Günter Kunert* („Im Namen der Hüte", 1967) wieder auf, nachdem politische Wirren die scheinbar überlebte
Suche des verlorenen Vaters wieder Wirklichkeit werden ließen.
Noch stärker durch Wunsch- bzw. Furchtdenken sind die
Motive vom *schäferlichen Arkadien, edlen Wilden, auf Erden
wandelnden Gott* und diejenigen vom *Teufelsbündner* und
Doppelgänger bestimmt.
Alle eben angeführten Motive korrespondieren mit einer
menschlichen Situation. Es ist daher erklärlich, daß zum Beispiel in den poetologischen Überlegungen, die den Briefwechsel zwischen *Goethe* und *Schiller* durchziehen, sowie in
deren sonstigen Äußerungen und auch in Schillers Systemati-

sierungen von Dramenplänen der Gebrauch der Begriffe Motiv und Situation schwankt. Bei reinen *Situationsmotiven* sind die Bezüge zur Situation sofort einsichtig, da sie aus den Formulierungen „Mann zwischen zwei Frauen", „Kampf mit einem unerkannten Gegner" sprechen, indirekt bei sog. *Typenmotiven*, von denen hier die Amazone, der Einsiedler oder der weise Narr genannt seien. Es ist unschwer zu erkennen, daß sich auch in den Typenmotiven eine Spannung zur Umwelt, also eine dialektische Situation, ausdrückt.

Die mythische *Amazone*, Niederschlag einer Wunsch- oder auch Furchtvorstellung, vielleicht sogar einer Erinnerung an frühe menschliche Zustände, ist eine kriegerische, mit männlichen Eigenschaften ausgestattete Frau, die sich feindlich zur Männerwelt verhält. Im entmythisierten Sinne kennzeichnet der Begriff ein wenn auch vielleicht nicht mehr kriegerisches, aber sich vom durchschnittlichen Frauentyp abhebendes, sprödes, selbstbewußtes weibliches Wesen. Dieser mit viel Attrattiva ausgeschmückte Typus nimmt in der Dichtung, wenigstens bestimmter Epochen, einen auffallend großen Raum ein.

Der *Einsiedler*, nicht nur in der christlichen Welt eine reale Erscheinung, steht gleichfalls mit Existenz und Aufgabenkreis zum Normalmenschen in Widerspruch und hat sich bezeichnenderweise in der Literatur eine so beliebte stereotype Funktion erobert, daß er sich in ihr lebendig erhielt, nachdem er in der Welt längst von der Szene verschwunden war.

In der Figur des *weisen Narren*, der durch *Shakespeare* allgemein vertraut ist, aber auch noch im „Rigoletto" (1851) auftritt, dessen Libretto nach *Victor Hugos* Drama „Le Roi s'amuse" (1832) verfaßt wurde, manifestiert sich die Lieblingsvorstellung, daß aus der Einfalt die wahre Weisheit spreche. Da die meisten jener oft von der Natur stiefmütterlich behandelten Männer, die großen Herren bis in die Neuzeit hinein als Unterhalter dienten und deren scharfen Witz die Narrenfreiheit vor Strafe schützte, alles andere als Dummköpfe waren, gerieten in diesem Motiv seit der Antike entwickelte und gemehrte Züge im späten Mittelalter zu fester Prägung. In Shakespeares „König Lear" (1606) wurde der getreue Narr zu einer handlungstragenden Gestalt, die den verblendeten König vergebens aus seinem Wahn zu reißen sucht und in der Heideszene neben dem wahnsinnigen Lear und dem den Narren spielenden Edgar der einzige Nicht-Närrische ist.

Ein Motiv kann ebensogut den Anstoß zu einer Dichtung geben wie ein bereits in seinem Handlungszusammenhang vorgezeichneter Stoff. Wenn *Friedrich von Schiller* in seinen

Hans Jakob Christoffel v. Grimmelshausen:

Komm, Trost der Nacht, o Nachtigall,
Laß deine Stimm mit Freudenschall
Aufs lieblichste erklingen!
Komm, komm und lob den Schöpfer
               dein,
Weil andre Vögel schlafen fein
Und nicht mehr mögen singen!
...

Anknüpfend an dieses als Lied des Vater-Einsiedlers in Grimmelshausens „Der abenteuerliche Simplicissimus", (1669) erschienene Gedicht, schrieb **Joseph Frhr. v. Eichendorff** (1788–1857) das Gedicht

Der Einsiedler

Komm, Trost der Welt, du stille Nacht!
Wie steigst du von den Bergen sacht,
Die Lüfte alle schlafen,
Ein Schiffer nur noch, wandermüd',
Singt übers Meer sein Abendlied
Zu Gottes Lob im Hafen.

Die Jahre wie die Wolken gehn
Und lassen mich hier einsam stehn,
Die Welt hat mich vergessen,
Da tratst du wunderbar zu mir,
Wenn ich beim Waldesrauschen hier
Gedankenvoll gesessen.

O Trost der Welt, du stille Nacht!
Der Tag hat mich so müd' gemacht,
Das weite Meer schon dunkelt,
Laß ausruhn mich von Lust und Not,
Bis daß das ew'ge Morgenrot
Den stillen Wald durchfunkelt.

43

letzten Lebensjahren zwischen einem Warbeck-Drama und einem Demetrius-Drama schwankte und schließlich das letztere vorzog, ohne es noch vollenden zu können, so zeigt dieses Schwanken zwischen beiden Stoffen, daß es Schiller weder um das spezifische Schicksal des englischen Thronprätendenten Perkin Warbeck ging, der sich für den Sohn Eduards IV. ausgab, noch um den speziellen Stoff von Dimitrij, der als vermeintlicher Sohn Iwans des Schrecklichen gegen den Emporkömmling Boris Godunow ausgespielt wurde, sondern um das *Motiv des Thronprätendenten*, das beiden Stoffen gemeinsam ist. Daß Schiller in seinem Warbeck-Fragment einen bewußten Betrüger skizzierte, in dem zu großen Teilen schon ausgeführten „Demetrius" aber einen Mann, der anfänglich an seine Legitimität glaubt und erst später, wider besseres Wissen und seiner ursprünglichen Handlungssicherheit beraubt, den Thronberechtigten nur noch wie eine Rolle weiterspielt, ist auch nicht dem Unterschied zwischen den beiden Stoffen zuzuschreiben, sondern einem Fortschreiten Schillers in der Erprobung des Motivs, das durch den inneren Umbruch des Prätendenten im Augenblick der Enthüllung der Wahrheit an Wirksamkeit wie an tragischer Tiefe gewann. Wenn der junge *Friedrich Hebbel* unter kritische Tagebuchnotizen zu Schillers „Jungfrau von Orleans" die an sich selbst gerichtete Aufforderung „besser auszuführen" setzte und anderthalb Jahre später seine Tragödie „Judith" (1840) gewissermaßen als Erfüllung dieses inneren Auftrages schrieb, so ist auch hier zu erkennen, daß ihn nicht der Stoff der Jeanne d'Arc faszinierte, sondern das dem Stoff zugrunde liegende *Motiv der kriegerischen Jungfrau, Vaterlandsretterin, Amazone.* Für Hebbel, der seine Auslassungen zu dem Problem 1849 noch einmal anläßlich einer Kritik über das Drama „Die Wahabitin" von *Vinzenz P. Weber* aufnahm, war die Vorstellung von einer Amazone unheimlich. Seine Bemühungen um eine Gestaltung des in mancherlei Stoffen zutage tretenden Motivs entspringen deutlich einem Unbehagen und Befürchtungen, die vielleicht mit seiner Ablehnung der von den Jungdeutschen befürworteten Frauenemanzipation zusammenhingen. Ein „Weib", das „den ihm angewiesenen Kreis mit dem diesem geradezu entgegengesetzten vertauscht, ist nur dann nicht mehr abstoßend und widerwärtig, wenn man erkennt, daß es nicht anders kann, daß es von höherer Macht getrieben wird". Wie deshalb nach Hebbels Meinung Schiller seine Jungfrau Zagen, Zweifeln sowie instinktives Widerstreben zeigen und das Einwirken höherer Mächte auf sie in Visionen, Träumen, Erscheinungen deutlich werden ließ, stellte Hebbel seine Judith durch die geheimnisvolle Bewahrung ih-

Siegreich kämpfende Amazone (Bild auf einem griechischen Holzbecher). Amazonenkämpfe gehören zu den beliebtesten Motiven antiker Kunst, besonders der Vasenmalerei. Typisch für die Bewaffnung der Amazonen waren Pfeil und Bogen, Speer und der halbmondförmige Schild.

rer Jungfräulichkeit und durch visionäre Szenen als die von Gott Erwählte heraus. Die so „der gewöhnlichen Ordnung der Dinge momentan entrückte" Frau darf keineswegs in dieser außerordentlichen Position verharren; nicht nur sie selber schaudert „vor sich selbst als vor einem dunklen Geheimnis zurück" und wird mit sich uneins, sondern das Schicksal muß sein Werkzeug vernichten und dadurch die ewige Ordnung, „die die Gottheit selbst nicht stören darf, ohne es büßen zu müssen", wiederherstellen.

Zweifellos hängt solches Ausloten des Motivs, solch gedankliches und praktisches Erproben seiner Tragfähigkeit und seiner Möglichkeiten mit der geistig-seelischen Disposition des Dichters zusammen. *Schiller* hat zwar weder selbst die Faszination der Macht verspürt noch ihre Wirkung auf einen Thronprätendenten miterlebt, aber er war ein eminent politisch empfindender und an der Frage von Schuld und Sühne philosophisch interessierter Dichter. *Hebbel* hatte in dem Alter, in dem er die „Judith" schrieb, noch keine Erfahrungen mit amazonenhaften Frauen. Aber er muß ein tiefes Interesse an dem Recht der Frau auf Individualität und dem Problem der durch Sittlichkeit gesetzten Grenzen ihrer Freiheit gehabt haben, wie seine Werke zeigen. Bei Schiller wie bei Hebbel handelt es sich um eine Problematik, die lediglich geistig erlebt wurde. Gerade an ihren Werken zeigt sich daher der enge Zusammenhang zwischen Motiv und Thema, die Möglichkeit des Motivs, als Bedeutungsträger zu fungieren.

In der Auswahl oder in der Vorliebe für ein Motiv kann sich aber auch die Gefühlsproblematik eines Autors spiegeln, Motivwahl kann biographischen Bezug haben. Der junge *Goethe* verwandte in seinen Dichtungen wiederholt, sowohl als Kernmotiv wie als Nebenmotiv, das *Motiv des verführten und verlassenen Mädchens*, das *Verhältnis von Verführer und Verführter*. Man hat diese Prävalenz des Motivs in Goethes Frühwerk auf die von ihm gelöste Verbindung mit Friederike Brion in Sesenheim und das davon herrührende Schuldgefühl zurückgeführt, das Goethe in „Dichtung und Wahrheit" offen bekennt. Das wiederholte Auftauchen von realen und eingebildeten *Doppelgängern* sowie von *Ich-Spaltung* im Werk *E. T. A. Hoffmanns* hängt ohne Zweifel mit Ängsten zusammen, die sein übersensibles Ich bedrängten und ihn mitunter für sein inneres Gleichgewicht fürchten ließen. Wesentlich schwieriger ist die Prävalenz des *Melusine-Motivs* im Werk *Theodor Fontanes* von den uns erkennbaren Wesenszügen des Dichters her zu erklären. Gemeint ist mit diesem Motiv ein weiblicher Typus nixenartigen Gepräges, verführerisch, jedoch distanziert und kühl, weil ihm die Fähigkeit

Die Geschichte von der Nixe Melusine ist eine Geschlechtersage, die dem aus den Kreuzzügen bekannten französischen Adelsgeschlecht von Lusignan dazu diente, die Meerfrau, die es im Wappen führte, zu verherrlichen und sie wohl auch vor dem Verdacht der Unchristlichkeit zu schützen. Als Attribut des Geschlechts wird Melusine in einem Badezuber dargestellt, aus dem sie, sich das Haar ordnend, halb herausragt; das Ende des Schlangenunterleibs ist sichtbar.

zu wirklicher Hingabe versagt ist. In drei Entwürfen zu Erzählungen hat Fontane das Motiv getestet, ehe er es in „Der Stechlin" auf eine in zweiter Reihe stehende, aber darum nicht weniger bedeutsame Gestalt fixierte, der Fontane viel von den eigenen Gesinnungen anvertraut hat. Man könnte das Interesse an einer solchen Figur als lediglich artistisch deuten, wenn es sich nicht auch in Fontanes Beurteilung von Frauen seiner realen Umgebung, etwa der Frau seines Sohnes George, eingeschlichen hätte. Bedeutete ihm das „Amphibiale" lediglich ein Attraktivum, oder war es Gleichnis des eigenen gehemmten Wesens, das in der Figura schöpferisch überwunden wurde?

Solche Hinweise für die Entschlüsselung einer Dichtermentalität sind zugleich für die Erkenntnis der dichterischen Schaffensweise überhaupt aufschlußreich. Man sollte jedoch nicht generell erklären, daß jedes dichterische Motiv einem neurotischen Komplex entspringe oder ihm gleichzusetzen sei. Eine solche Verallgemeinerung würde ausklammern, daß das Motiv nicht alleiniges Eigentum des Dichters ist, sondern ihm als etwas Selbständiges, schon vor ihm Erprobtes entgegentreten kann, dem er eine spezifische Ausprägung verleiht. Die *verlassenen Frauengestalten* im Werk *Goethes* – Gretchen, Marie Berlichingen und Cäcilie in „Stella" – sind unverwechselbar, aber das Motiv des verlassenen Mädchens, oft noch zu dem der *Kindsmörderin* gesteigert, hat die Zeit des jungen Goethe stark bewegt und war vor, mit und nach Goethes Gestalten in den Werken *Heinrich Leopold Wagners, Michael Reinhold Lenz', Maler Müllers, Christian Friedrich Daniel Schubarts, Friedrich Maximilian Klingers* und *Schillers* geradezu modisch. Auch das *Doppelgängermotiv* ist zeittypisch, und zwar für die Romantik. *Jean Paul*, bei dem die Figur aus der Lektüre *Johann Gottlieb Fichtes* erwuchs, führte Begriff und Motiv zum erstenmal in seinem Roman vom „Armenadvokaten F. St. Siebenkäs" (1796/97) in die deutsche Literatur ein, und neben *E. T. A. Hoffmann* folgten ihm *Tieck, Fouqué, Chamisso, Kleist, Arnim* und *Brentano*.

Die Verknüpfung von Motiven

Ein Motiv allein genügt nicht, um das Handlungsgeflecht einer ganzen Dichtung zu tragen. Es bedarf der Verknüpfung mit anderen gleich bedeutsamen oder auch weniger gewichtigen Motiven. Das gilt sogar fallweise für die Lyrik, die zwar keinen eigentlichen Handlungszusammenhang kennt, aber doch für ihren Sinnzusammenhang der Stützung des Hauptmotivs durch Nebenmotive in wenn auch nur lockerer Ver-

46

knüpfung oder Reihung bedarf. Bei den pragmatischen Gattungen *wirken die Motive in einem komplexen Verband.* Schiller und Hebbel fanden für die erwähnten Behandlungen des Thronprätendenten- und des Amazonenmotivs einen bereits fertig umrissenen Stoff mit vielen stützenden Motiven, *E. T. A. Hoffmann* dagegen brachte das ihn bedrängende Doppelgängermotiv in verschiedenen Handlungszusammenhängen in „Elixiere des Teufels" (1815/16), „Geschichte vom verlorenen Spiegelbilde" (1814/15), „Prinzessin Brambilla" (1821), „Der Doppeltgänger" (1822) u. a. unter und verquickte es mit zahlreichen, oft der Volksliteratur und der sog. Schauerliteratur entnommenen adäquaten phantastischen Motiven. Es gehört zum Wesen des Motivs, daß es aus einem Zusammenhang gelöst und in andere eingesetzt werden kann, in denen es unterschiedliche Wirkungen hervorruft und sich seiner eigenen Konstanz bis zu einem gewissen Grade begibt. Wie die kurze Tonfolge eines musikalischen Motivs, die, in neue Melodiezusammenhänge und dabei zu völlig anderer Wirkung gebracht, obgleich seine Tonfolge erhalten blieb, ist der Wettlauf, mit dem Odysseus sich die Hand Penelopes gewann, kaum wiederzuerkennen, wenn sich bei *Gottfried Keller* die drei gerechten Kammacher in groteskem Wettlauf um die Gunst der Jungfer Züs Bünzlin bemühen, obwohl das gleiche Freierprobe-Motiv in beiden Fällen dem jeweiligen künstlerischen Handlungszusammenhang gerecht wird. Allerdings kann die *Umkoppelung eines Motivs* mißlingen, wenn damit seine Funktion und seine Sinnsphäre verletzt werden. So wurzelt das aus dem neuzeitlichen Tell-Stoff bekannte Apfelschuß-Motiv in dem geschichtlichen und sittlichen Umkreis einer urtümlichen Menschengruppe, die ihre althergebrachte Freiheit gegen einen Usurpator verteidigen muß; ihr Meisterschütze ist Vertreter dieser bäuerlichen Freiheit, und an seiner Kunst wird das unmenschliche Verlangen des Tyrannen nach dem Schuß zuschanden. Wo immer das Motiv diesen Wurzelboden verließ, begann es zu kränkeln und abzuirren, wesentliche Bestandteile wie das Ziel auf dem Haupte eines nächsten Angehörigen, der in Bereitschaft gehaltene zweite Pfeil, die Trutzantwort auf die Frage nach dem Sinn dieses Pfeils und die spätere Rache des Schützen an dem Gewalthaber gerieten in Wegfall, und der Schuß wurde, wie Eigils Schuß in der Wielandsage, zum bloßen Paradestück. Obgleich eine verhältnismäßig junge Variante des Motivs, ist sie in der Tellsage sinn- und wirkungsvoll eingebaut, weil das Motiv hier auf seine ursprünglichen Bedingungen trifft. *Inversion eines Motivs* kann dagegen eine außerordentliche Bereicherung ergeben durch die Spannung zwischen ursprüng-

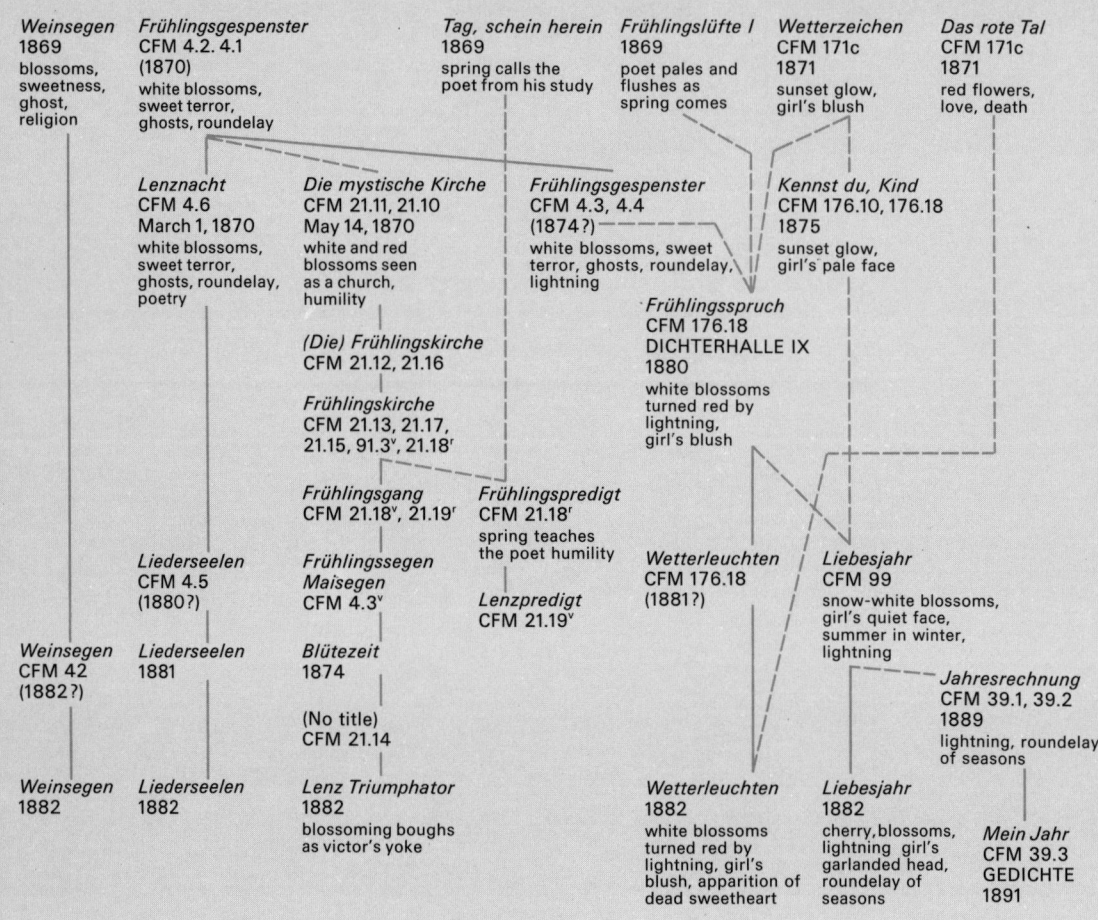

licher Sinngebung und der des invertierten Motivs, die sich wechselseitig beleuchten und in Frage stellen: Aus dem Freundschaftsbeweis wird Verrat, aus dem Verführten ein Verführer, aus der Himmel- eine Unterweltsfahrt.

Guten Anschauungsunterricht für die Anreicherung eines Ausgangsmotivs bieten Vergleiche zwischen mehreren, immer wieder ausgefeilten Gedichtfassungen *Conrad Ferdinand Meyers*. So entwächst ein Gedicht der Vorstellung von weißen Blüten, einem Bildeindruck von einer bei einem optischen Menschen besonders verständlichen Macht. Diese Vorstellung wird von Meyer in wechselnden Bild- und Sinnzusammenhängen erprobt, Gedichtkörper spalten sich auf, Teile splittern ab zur Selbständigkeit, aus anderen Gedichten werden Vorstellungen herübergenommen, und schließlich gelingt in dem Gedicht „Wetterleuchten" die Verbindung der im nächtlichen Wetterleuchten erglühenden und verbleichenden Blüten mit dem Farbspiel auf dem Gesicht der einstigen Geliebten.

Mit Erbleichen, mit Erröten
Ahn' ich eines Lenzes Wehn –
Sage, Lenz, wirst du mich töten?
Lässest du mich auferstehn?

Aus: Frühlingslüfte, 1869

Heut hat zur feierlichen
Zur mitternächtgen Zeit
Ein Grauen mich beschlichen
Wie Zauberbangigkeit.

Mir ward von tausend Geistern
Der Busen voll und eng,
Mein pochend Herz, bemeistern
Nicht konnt' es das Gedräng.

„Steht heut besondre Stunde
Vermerkt im Jahreslauf?
Taucht mächt'ger Elfen Runde
Aus Fluß und Quellen auf?"

Ich sprachs und trat ins Fenster
Und lauschte weit ins Land –
Da war es voll Gespenster
Im weißen Spukgewand.

Doch als die stillen Räume
Ich schärfer mir besah,
Da standen alle Bäume
Im Blütenkleide da.

Es war ein süß Erschrecken
Was mir geraubt die Ruh:
Viel tausend Blüten decken
Mich und die Erde zu.

Frühlingsgespenster, 1870

Abendglühn gelobt
Eines hellen Tages Schein –
Wenn es morgen stürmt und tobt,
Werd' ich schön betrogen sein.

Wundern soll's mich nicht.
Wenn die Himmelsröte log.
Seit auf liebem Angesicht
Ein Erröten mich betrog.

Wetterzeichen, 1871

Bücke dich nach Pilgerart
Vor den unbefleckten Blüten
Vor den rot erglühten
Und den weißen, jung und zart!

*Aus der zweiten unbetitelten
Fassung von: Blütezeit, ca. 1874*

Rote Blüten muß man lieblich heißen,
Schöner brennen doch die weißen,
Die ein flücht'ger Lenzesblitz umflammt,
Der vom Himmel stammt.

Rote Wangen muß man gelten lassen,
Schöner brennen doch die blassen,
Die ein rasches Liebeswort erschreckt
Und mit Glut bedeckt.

*Manuskriptfassung von:
Frühlingsspruch, ca. 1880*

Kaum dem Garten konnt' ich mich entreißen,
Wo der erste Blitz des Jahres lohte
Und mit jähem Schein die blendend weißen
Frischen Blüten wandelte in rote.
Lange stand ich vor der zarten Blüte,
Die in raschem Schimmerlichte brannte
Und erblich und wiederum erglühte –
Doch mir schien, daß einst ich Schön'res kannte –
Schön'res wohl, doch diesem zu vergleichen:
Wangen, die vor einem Wort erschrecken,
Vor dem ersten Liebeswort, und bleichen
Und sich dann mit dunkler Glut bedecken.

1. Fassung von: Wetterleuchten, 1881

Im Garten schritt ich durch die Lenzesnacht.
Des Jahres erste Blitze loderten.
Die jungen Blüten glommen feuerrot
Und blichen wieder dann. Ein schönes Spiel,
Davor ich stille hielt. Da sah ich dich!
Mit einem Blütenzweige spieltest du,
Die junggebliebne Tote! Durch die Hast
Und Flucht der Zeit zurück erkannt' ich dich,
Die just des Himmels Feuer überglomm.
Erglühend standest du, wie dazumal,
Da dich das erste Liebeswort erschreckt,
Du Ungebändigte, du Flüchtende!
Dann mit den Blüten wieder blichest du.

Endgültige Fassung von: Wetterleuchten, 1882

Links: Schema zur Entwicklung und Verknüpfung des Motivs der weißen Blüten in der Nacht in der Lyrik C. F. Meyers.

Oben: Textproben zur Entwicklung des Motivs. Aus: Heinrich Henel, The Poetry of Conrad Ferdinand Meyer, Madison 1954.

C. F. Meyer hat auch in seinen Novellen Motive mehrfach und in verschiedenen Positionen innerhalb des Erzählgefüges erprobt. Manche Motive wie das des „entkutteten Mönchs", das aus dem Erlebnisfundus des Dichters gespeist wurde, tauchen in seiner Lyrik und Epik auf. Es ist von Meyer überliefert, daß er gesagt habe: „Zu einem schönen Motiv muß man Sorge tragen wie zu seiner Seele und kann in der Wahl eines solchen nicht vorsichtig genug sein."

Auf die Verfeinerung des Kronprätendentenmotivs durch Schiller im Laufe seiner Arbeit am „Warbeck" und dann am „Demetrius" ist schon hingewiesen worden. *Richard Wagner* verknüpfte in seinem „Ring des Nibelungen" den tragischen Untergang Siegfrieds mit dem Mythos von der Götterdämmerung und benutzte als Bindeglied zwischen diesen beiden Handlungskomplexen das aus den Liedern der „Edda" stammende, ihm durch *Fouqués* Drama „Der Held des Nordens" (1808/10) vermittelte Motiv vom Fluch des Goldes. Hagen ist bei Wagner ein Abkömmling der götterfeindlichen Alben, denen die Götter den goldschaffenden Zauberring stahlen, den dann Siegfried gewinnt, zuerst Brünhild schenkt, ihn ihr aber in Gunthers Gestalt wieder abnimmt und den Hagen dann zurückgewinnen möchte. Alle, die mit dem geraubten Gold in Berührung kommen, sind dem Untergang verfallen.

Manche Motive neigen dazu, sich mit bestimmten anderen Motiven zu verbinden. Sie tauchen immer wieder in gleicher Koppelung auf, ohne daß die Verfasser der dadurch verwandten Dichtungen Kenntnis voneinander haben müßten. Man kann diese Neigung mit dem von Goethe benutzten chemischen Terminus *Wahlverwandtschaft* bezeichnen. So besteht eine innere Beziehung zwischen dem Motiv des Heimkehrers und dem Motiv der Frau zwischen zwei Männern: Ein – meist im Zusammenhang mit kriegerischen Ereignissen – verschollener Mann kehrt in die Heimat zurück und findet seine Geliebte oder Frau in einer neuen Verbindung, oder er trifft, wenn ein guter Ausgang des Plots beabsichtigt ist, in dem Augenblick ein, in dem die Verbindung erst vollzogen werden soll. Die tragische Lösung des entstehenden Konflikts liegt bereits im „Agamemnon" (458 v. Chr.) des *Aischylos* vor, da der Heimkehrer dem Bündnis seiner Frau und Ägisths zum Opfer fällt. Ein in ganz Europa verbreitetes Volkslied kennt unter vielen Lösungen auch die Tötung der treulosen Frau durch den Heimkehrer. In *Leonhard Franks* Drama „Karl und Anna" (1927) hält die Frau an dem neuen Geliebten fest, und der aus dem Ersten Weltkrieg heimkehrende Ehemann sieht sich allein gelassen. Der heimkehrende Krüppel in des Wiener Schriftstellers *Emil Ertl* Erzählung „Der Halbscheid" (1924) räumt freiwillig und unerkannt das Feld, als er seine Braut als Frau eines anderen wiederfindet. Einen positiven Ausgang ersann *Homer* für seinen Heimkehrer Odysseus, der die seiner Frau drohende neue Ehe gerade noch abwenden kann, indem er die zudringlichen Freier beseitigt. Im letzten Augenblick kann auch *Bert Brechts* Heimkehrer Kragler in „Trommeln in der Nacht" (1922) die schon untreu gewordene Braut zurückgewinnen. Zwischen den extremen Möglichkeiten steht die Lösung von *Christian Fürchtegott Gellerts* humanitätsgläubigem Roman „Das Leben der schwedischen Gräfin von G..." (1747/48), in dem der neue Gatte vor dem heimkehrenden ersten zurücktritt und nach dessen Tode erneut die zweite Ehe der Frau fortsetzt.

Das Motiv des Märtyrers steht in Wahlverwandtschaft mit dem Motiv des Tyrannensturzes, denn der Opponent des Märtyrers, der Unterdrücker des Glaubens, muß gezeigt werden, und oft löst der standhafte Tod des Unschuldigen den Sturz des Tyrannen aus. Noch des *Andreas Gryphius* weltliche Märtyrertragödie um die Hinrichtung Karls I. von England durch Cromwell („Carolus Stuardus", 1657) benutzte diese Motivkoppelung, indem sie zumindest in einer abschließenden Vision den Untergang des Königsmörder andeutete.

Das Motiv der Freundschaftsprobe hat eine in seiner langen Geschichte immer wieder auftauchende Bindung an das Motiv der Liebe zweier Freunde zu dem gleichen Mädchen. Diese Liebe ist erstens der Beleg für die innere Verwandtschaft und Ähnlichkeit beider Freunde und bildet zweitens den sinnfälligsten Prüfstein für die gegenseitige Treue, die sich im Verzicht auf die Geliebte äußert. Die Freundschaftsdichtung des 16. und 17. Jh. ist voll von edlem Wettstreit befreundeter Jünglinge, die sich gegenseitig in ihrem Willen zum Verzicht den Rang ablaufen. Nach einer zeitweiligen Trübung der Freundschaft durch eine Liebe erstrahlt sie in um so hellerem Glanz. Als ein solches Moment der Trübung benutzt z. B. *Jean Paul* die Liebe zweier Freunde zu demselben Mädchen in der „Unsichtbaren Loge" und im „Hesperus". Die beiden jungen Studenten und Krieger der in *Gottfried Kellers* „Sinngedicht" enthaltenen Erzählung „Die Geisterseher" leisten dagegen ein Äußerstes an männlicher Kameradschaft, um durch die gemeinsame Liebe und watteifernde Werbung ihre Freundschaft nicht Schaden nehmen zu lassen, und der Unterlegene weiß den Verlust auf würdige Weise hinzunehmen.

In dem Augenblick, in dem das Motiv des Heimkehrers mit dem der Frau zwischen zwei Männern zusammentritt oder in dem das Motiv der Freundschaftsprobe seine Bereicherung dadurch gewinnt, daß zwei Freunde das gleiche Mädchen lieben, ist bereits ein verwickelterer, breiterer Handlungszusammenhang entstanden, der mit nur wenigen weiteren stofflichen Zutaten einen spezifischen Stoff oder sogar mehrere durch die Art ihrer Kombinationen und Lösungen unterschiedliche Stoffe ergeben kann. *Stoffe erwachsen aus Motiven, die andere angezogen und mit sich verbunden haben.* Den Anfang des Wachstumsprozesses bildet oft sogar nur ein Zug, eine bildhafte Vorstellung, ein als Redeklischee zu verstehender Topos, der, durch zeitgenössische Ereignisse oder Zeitströmungen befruchtet oder durch die Erlebnisse eines Dichters angeregt, zum beherrschenden Thema aufkeimt und durch einen genialen Zugriff Gestalt gewinnt.

Ein Beispiel für Motiventfaltung

Die verleumdete Gattin

Der mittelalterlich-christlichen Auffassung von der lediglich passiven Rolle und den Dulderqualitäten der Frau entsprach das Motiv von der unschuldig des Ehebruchs bezichtigten edlen Frau und ihren deswegen ausgestandenen Leiden. Aus der Widerstands- und Widerspruchslosigkeit der Verfolgten ergaben sich verschiedene Arten von Mißverständnissen, Aussetzungen, mit knapper Not gelungenen Fluchten, Missetaten sich Rächender und Guttaten Mitleidiger bis zur Wiedereinsetzung in alte Rechte oder oft auch, dem mittelalterlichen Geist entsprechend, bis zum Verzicht der Dulderin auf dieses Recht und zu ihrer Abkehr von der Welt. Trotz ihres Duldertums kann die Verfolgte jedoch auch beachtliche Energie bei der Abwehr unwillkommener Werber und eine große Selbständigkeit bei der Formung ihres des ehelichen Schutzes beraubten Lebens entwickeln. Die Varianten dieses Motivs nebst den daraus entwickelten Stoffen sind so zahlreich und die Zusammenhänge der Varianten untereinander so kompliziert oder nicht klärbar, daß das im folgenden aufgezeigte Schema noch als ziemlich roh bezeichnet werden kann.

Die *erste Variante des Motivs* ergab sich durch *Verknüpfung mit dem Gottesurteilmotiv.* Meist während der Abwesenheit des fürstlichen Ehemannes wird gegen dessen Frau von einem abgewiesenen Liebhaber aus Rache Anklage wegen Ehebruchs erhoben. Für die unschuldig angeklagte und zum Tode verurteilte Frau tritt ein Ritter in gottesgerichtlichem Kampf ein, so daß der Verleumder entlarvt und der Bestrafung zugeführt wird. Diese Variante begegnet schon in dem altindischen Epos „Rāmāyaṇa", in dem die von einem Ungeheuer entführte Sītā nach ihrer Befreiung von ihrem Mann verstoßen, dann aber wieder angenommen wird, als sie dem brennenden Scheiterhaufen unverletzt entstiegen ist. Da die Zweifel des Volkes an ihrer Treue nicht verstummen, wird sie jedoch erneut verstoßen, im Walde ausgesetzt und muß sich später noch einmal einem reinigenden Schwurprozeß unterwerfen. In der apokryphen alttestamentlichen Erzählung von Susanna und Daniel vertritt der von Gott berufene junge Prophet Daniel, der durch seine Weisheit die Bosheit der Verleumder bloßlegt und damit die angeklagte Susanna vom Tod durch Steinigung rettet, das Gottesurteil.

Die älteren europäischen mittelalterlichen Fassungen des Motivkomplexes gehen wahrscheinlich auf eine historische Überlieferung zurück, nach der sich Kaiserin Judith, die Frau

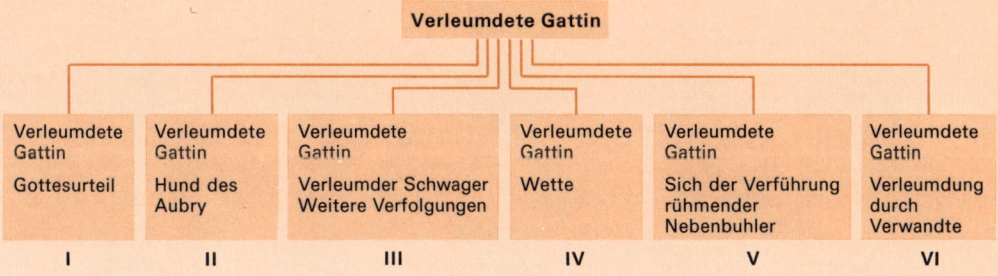

Ludwigs des Frommen, durch einen Eid vom Vorwurf des Ehebruchs mit Bernhard von Toulouse reinigte, der durch Herausforderung seiner Gegner die ihn treffende Verleumdung entkräftete; in diesem historischen Fall wollte der Ritter für die eigene Schuldlosigkeit und Ehre kämpfen, nicht jedoch für die der Frau. Mit dem neuen Motiv des für die Unschuld streitenden, von der Anschuldigung nicht betroffenen Kämpfers versehen, fand das Ereignis Niederschlag in den katalanischen und provenzalischen Romanzen vom „Grafen von Barcelona", wie der historische Bernhard von Toulouse zusätzlich hieß. Die Geschichte wurde auf andere Personen übertragen, so in dem altfranzösischen „Jaufrois" auf Jaufrois von Poitiers und Alis, Frau Heinrichs von England, in den „Gesta regum Anglorum" des *Wilhelm von Malmesbury* (12. Jh.) auf Gunhild, die Frau des deutschen Kaisers Heinrich; aus dieser letzteren Variante ging die in *Thomas Percys* „Reliques of Ancient English Poetry" (1765) aufgenommene Ballade „Sir Aldingar" hervor. Die französische Tradition lief mit *René de Cerisiers* Erzählung „Hirlanda" (17. Jh.) und *Alain René Lesages* seiner Übersetzung (1704) von *Fernández de Avellanedas* Fortsetzung des „Don Quijote" zugefügter Episode vom Grafen von Barcelona aus, die *Robert Jephson* in „The Law of Lombardy" (1779) dramatisierte. Auch der Teil der Schwanritter- oder Lohengrin-Sage, der sich auf die unschuldig angeklagte Witwe und ihre Rechtfertigung durch einen unbekannten Kämpfer bezieht, gehört zu dieser Motivvariante. In einem verlorenen „Lai vom Grafen von Toulouse" wurde erstmalig der unbekannte Retter in eine schon vorher bestehende Beziehung zu der Angeklagten gebracht. War sie in der Schwanrittersage Witwe, die ihren Retter heiraten konnte, wurde für die im „Lai" verheiratete, des Ehebruchs angeklagte Frau eine vor der Ehe liegende Liebe zu dem Ritter oder eine sich gerade anbahnende, aber unterdrückte Beziehung erfunden. Der Verleumder wiederum schmuggelt zur Unterstützung seiner Behauptung ei-

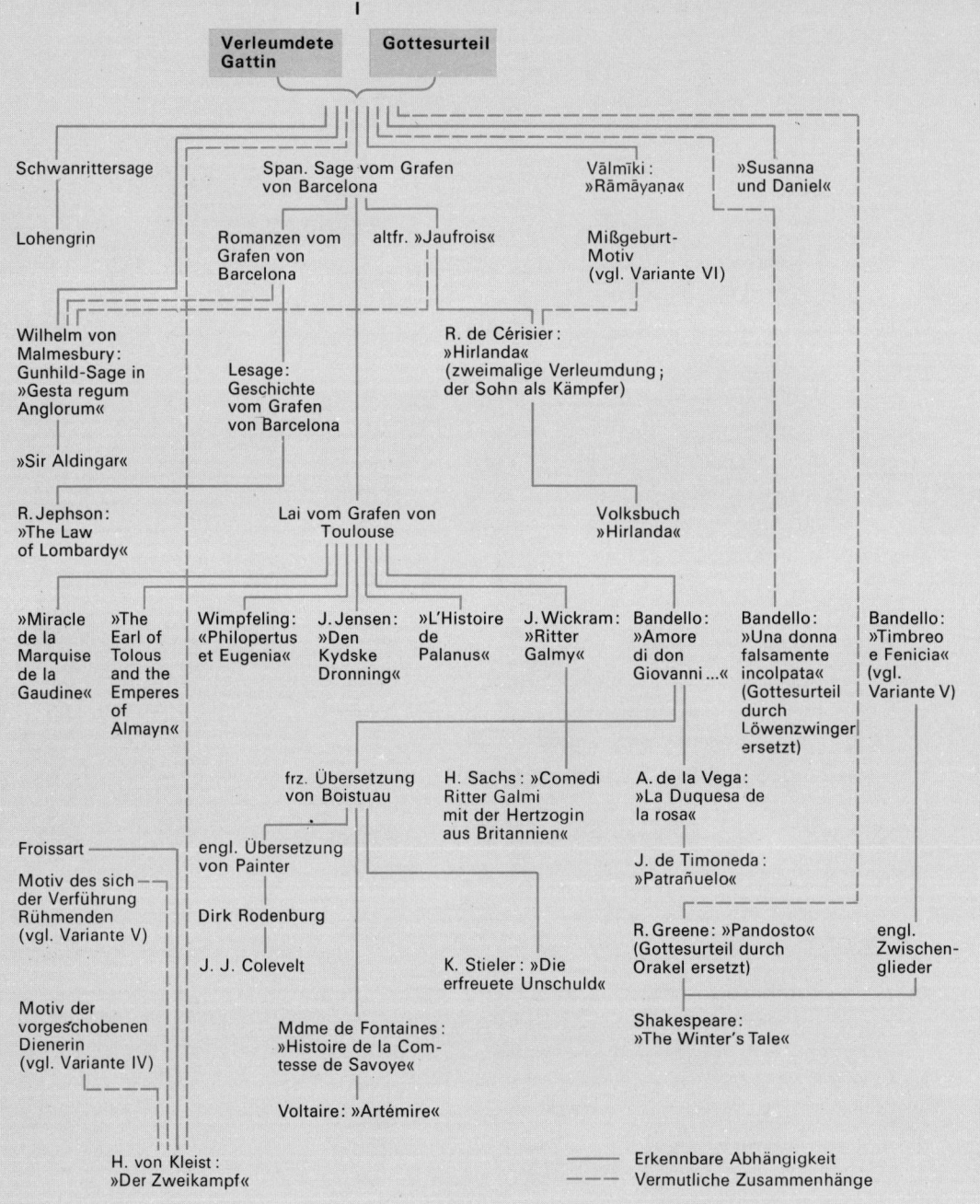

nen Pseudo-Liebhaber ins Gemach der Frau, den er dann bei der vorgeblichen Entdeckung „im Zorn" niederstößt. Von dieser so entstandenen Dreieckssituation gibt es eine Anzahl voneinander unabhängiger Varianten. Im „Miracle de la Marquise de la Gaudine" (um 1400) lenkt eine Freundin der Fürstin von ihr den Verdacht ab, indem sie sich selbst für die Geliebte des Ritters ausgibt; im englischen Gedicht „The Earl of Tolous and the Emperes of Almayn" (Anfang 15. Jh.) reist der Earl nach Deutschland, um die schöne Kaiserin zu sehen, und verliebt sich in sie; in *Jakob Wimpfelings* „Philopertus et Eugenia" (1470) und der „Histoire de Palanus" (Anfang des 16. Jh.) erkrankt der Ritter aus Liebe zu der vornehmen Frau und wird von ihr geheilt; in des Dänen *Jeppe Jensen* Gedicht „Den Kydske Dronning" (1483), *Jörg Wickrams* „Ritter Galmy" (1539, 1552 von Hans Sachs dramatisiert) und *Matteo Bandellos* Novelle „Amore di don Giovanni di Mendozza e la duchessa di Savoia" (1554) heiratet sie den Ritter nach dem Tod ihres Gatten. Den größten Einfluß unter diesen Varianten übte Bandellos Novelle aus. Von ihr ist abhängig *Alonso de la Vegas* Drama „La duquesa de la rosa" (1566), das *Juan de Timoneda* im „Patrañuelo" (1576) wiedererzählte. *Pierre Boistuaus* französische Übersetzung von Bandellos Novelle in den „Histoires tragiques" (1559) zeitigte in Frankreich *Madame de Fontaines'* Roman „Histoire de la Comtesse de Savoye" (1713, Druck 1726), aus dem *Voltaire* den Stoff zu seiner Tragödie „Artémire" (1720) entnahm. Boistuaus Übersetzung wurde auch die Quelle für das *Kaspar Stieler* zugeschriebene Rudolstädter Festspiel „Die erfreute Unschuld" (1666) und wirkte über die englische Übersetzung *William Painters* nach den Niederlanden auf *Dirk Rodenburg* (1619) sowie auf die Dramatisierung von *Jacob Janszoon Colevelt* (1634). Typisch für die im Gefolge Bandellos entstandenen Fassungen ist die ursprünglich ablehnende Haltung des Ritters gegenüber dem Hilfeersuchen der Frau; verkleidet und unerkannt überzeugt er sich dann von deren Unschuld und kämpft auch unerkannt für sie; der Schluß der einzelnen Varianten weicht voneinander ab.

Bandello hat die Motivkombination noch ein zweites Mal in der Novelle I,24, „Una donna falsamente incolpata", benutzt, bei der nicht ein offiziell anberaumtes Gottesurteil, sondern das „Wunder", daß die durch ihren Mann dem Löwenzwinger überantwortete Ehefrau von den Tieren verschont wird, die Verdächtigte entlastet, ähnlich wie der Richterspruch Daniels Susanna in der schon erwähnten biblischen Erzählung und das Orakel des Apoll die Ehefrau in *R. Greenes* Novelle „Pandosto" (1558). *Shakespeare* übernahm diese Nuance aus Greenes Novelle in sein Drama „The Winter's Tale" (1611), änderte jedoch den Schreckenstod der Beschuldigten in Scheintod und verborgenes Weiterleben um, so daß das mittelalterliche Motivschema der späteren Wiedervereinigung der Gatten aufrechterhalten werden konnte.

Das späteste Zeugnis für das Fortwirken des Motivs dürfte *Heinrich von Kleists* Novelle „Der Zweikampf" (1811) sein, in der die beschuldigte Frau wieder eine Witwe ist, die den Jugendfreund zu ihrer Verteidigung herbeiholt und später heiratet. Bemerkenswert ist, daß das Motiv der unschuldig angeklagten Frau in Kleists anekdotischer Vorstufe zu seiner Erzählung, der „Geschichte eines merkwürdigen Zweikampfs", deren Stoff er aus *Jean Froissarts* „Chroniques de France" (14. Jh.) entnahm, noch nicht enthalten war. Der Funktion eines Gottesurteils gleichzusetzen ist das Auftreten des jungen Daniel in der alttestamentlichen Geschichte von der durch zwei abgewiesene Greise unschuldig angeklagten Susanna.

Ein *zweiter Motivkomplex* ergab sich aus der *Koppelung des Kernmotivs mit der Erzählung vom Hund des Aubry*. Hier steht die des Ehebruchs angeklagte Frau vor der Geburt eines Kindes, wird daher nicht zum Tode verurteilt, sondern nur verstoßen, und zu ihrem und des Kindes Schutz ist ihr ein Ritter, Aubry de Montdidier, beigegeben. Diese Variante knüpfte sich hauptsächlich an eine sagenhafte Frau Karls des Großen, Sibylle, und wurde von *Alberich de Trois-Fontaines* (13. Jh.), in einem Roman der *Elisabeth von Nassau-Saarbrücken* (1437) sowie in der spanischen „Historia de la Reyna Sebilla" (1532) überliefert. Ein Zwerg begehrt Karls Frau und kriecht, als sie ihn abweist, unbemerkt in ihr Bett, wo Karl ihn entdeckt und tötet, aber seinen Anschuldigungen gegen die Frau Glauben schenkt. Im Wald wird dann der schützende Ritter Aubry von Macaire, der selbst die Königin besitzen will, ermordet. Durch Aubrys Hund, der glaubt, seinem toten Herrn mit Nahrung, die er von der königlichen Tafel raubt, helfen zu können, gelangt man auf die Spur des Mörders, der bestraft wird; Sibylle flieht zu ihrem Vater Kaiser Konstantin, der ihr und ihrem Kind zu ihrem Recht verhilft. Die Geschichte des Aubry, der im Jahre 1371 von Macaire ermordet worden sein soll, hat mit dem Motiv von der unschuldig verfolgten Frau ursprünglich nichts zu tun. Sie wurde auch unabhängig davon als reine Sensationsgeschichte behandelt, wobei der Hund sogar auf des Königs Befehl im gottesgerichtlichen Kampf gegen den Mörder seines Herrn kämpfte und ihn besiegte; ein später Nachfahre dieser Mordgeschichte ist *Pixérécourts* Féerie „Le chien de Montargis ou la forêt de Bondi" (1814), die in *Ignaz Franz Castellis* deutscher Übersetzung „Der Hund des Aubri oder der Wald bei Bondi" (1815) ihren Weg über die Bühnen Deutschlands nahm und in Weimar Anlaß zu Goethes Rücktritt von der Leitung des Weimarer Hoftheaters wurde. In der französi-

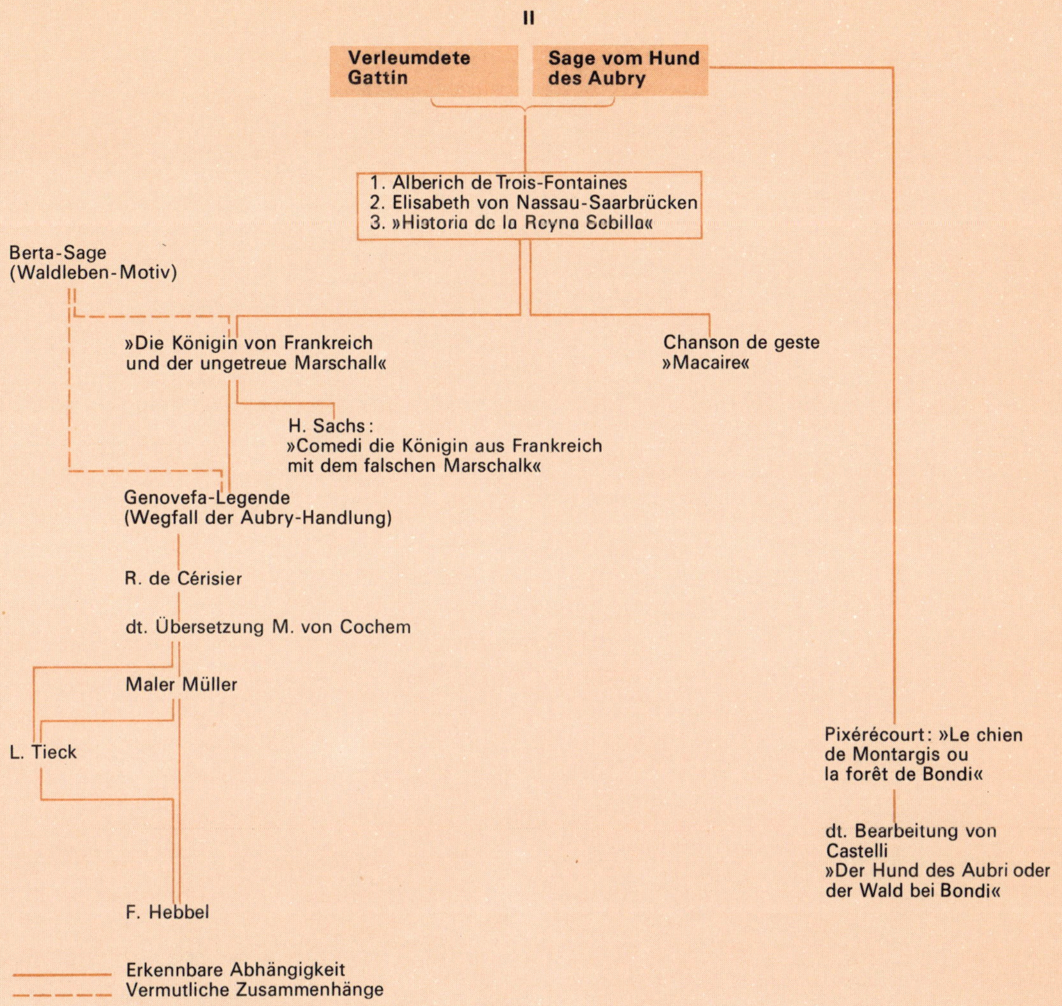

II

Verleumdete Gattin | **Sage vom Hund des Aubry**

1. Alberich de Trois-Fontaines
2. Elisabeth von Nassau-Saarbrücken
3. »Historia de la Reyna Sebilla«

Berta-Sage
(Waldleben-Motiv)

»Die Königin von Frankreich
und der ungetreue Marschall«

Chanson de geste
»Macaire«

H. Sachs:
»Comedi die Königin aus Frankreich
mit dem falschen Marschalk«

Genovefa-Legende
(Wegfall der Aubry-Handlung)

R. de Cérisier

dt. Übersetzung M. von Cochem

Maler Müller

L. Tieck

Pixérécourt: »Le chien
de Montargis ou
la forêt de Bondi«

dt. Bearbeitung von
Castelli
»Der Hund des Aubri oder
der Wald bei Bondi«

F. Hebbel

——————— Erkennbare Abhängigkeit
- - - - - - - Vermutliche Zusammenhänge

schen Chanson de geste „Macaire" wurden der zwergische
Verleumder und der Mörder Macaire bereits zu einer Figur
zusammengezogen, genauso im deutschen Volksbuch „Die
Königin von Frankreich und der ungetreue Marschall" (um
1465, 1549 von *Hans Sachs* dramatisiert), in dem außerdem
an die Stelle von Königin Sibylles Fahrt nach Konstantinopel
ein demutvolles Leben in Waldeinsamkeit trat, das auch in
anderen Varianten des Motivs von der angeklagten und ver-
stoßenen Frau auftaucht. Dieses Waldlebenmotiv findet sich
vor allem in Sagen, in denen zugleich die Kindheit des fern
vom Vater geborenen Kindes eine Rolle spielt, wie z. B. in
dem schon erwähnten indischen „Rāmāyaṇa", dann in der
„Thidrekssaga" (um 1260), in der Siegfrieds Mutter auch wegen einer Anschuldigung durch einen abgewiesenen Zu-
dringling verstoßen wird, verstümmelt werden soll, durch das

Mitleid des mit der Tat Beauftragten verschont bleibt, aber vor Schreck stirbt, als das neugeborene Kind von den Fluten des Stroms weggespült wird. Wie sich hier schon der Akzent von der Frau auf das Kind verlagerte, verblaßte das Motiv fast völlig, wo es nur noch dem Herkunftsnachweis für ein Kind diente, in *Shakespeares* „Wintermärchen" (1611) für die Schäferin Perdita und in *Calderóns* „Andacht zum Kreuz" (1634) für den Findling Eusebio; bei beiden wird lediglich erwähnt, daß die jeweiligen Mütter ihre Kinder in der Fremde und in Menschenferne zur Welt brachten, weil sie wegen einer unwahren Bezichtigung verfolgt oder verstoßen waren. Das Waldlebenmotiv ist in ganzer Breite in der Berta-Sage ausgenutzt, jener Geschichte von der Mutter Karls des Großen, die bei der Hochzeit von einer falschen Braut verdrängt, eines Mordanschlags verdächtigt und von ihrem sie nicht kennenden Bräutigam verstoßen wird. Diese im Motiv der Verstoßung mit der Geschichte von der verleumdeten Gattin übereinstimmende Sage wirkte auf das oben genannte Volksbuch von der Königin von Frankreich und die aus ihm hervorgegangene Genovefa-Legende ein, für die das Waldlebenmotiv geradezu kennzeichnend wurde. Die Genovefa-Legende ist ein um 1400 im Raum um Laach am Rhein entstandener geistlicher Sproß der weltlichen Erzählung von der „Königin von Frankreich und dem ungetreuen Marschall" und wurde später durch die lateinische Fassung *Cerisiers* berühmt. Die deutsche Übersetzung *Martin von Cochems* wirkte weiter auf die Dramatisierungen *Maler Müllers* (1775/81), *Ludwig Tiecks* (1800) und *Friedrich Hebbels* (1843). In der Genovefa-Legende ist die Geschichte vom Hund des Aubry ausgeklammert, aber die Hilfe eines Tieres lebte in der Nahrung spendenden Hirschkuh fort, die durch die Jungfrau Maria der Mutter und dem Kinde zugeführt wird. Aus anderen Varianten des Motivs herübergenommen ist die Verschonung der Dulderin durch den oder die Schergen, ein Zug, der noch erweitert ist durch das Vorweisen der Zunge eines Hundes als angeblichen Belegs für die Ausführung der befohlenen Verstümmelung.

Ein *dritter Motivkomplex* ergab sich durch den Zug, daß der *Verleumder der Frau der Bruder des Ehemanns ist* und daß nach der ersten Verleumdung noch die Folgen von Abweisungen weiterer unerwünschter Liebhaber zu überstehen sind; die verfolgte Frau gelangt in den Besitz der Fähigkeit, Kranke zu heilen, und heilt später alle an ihr schuldig gewordenen Männer. Dieser Motivkomplex scheint orientalischen Ursprungs zu sein. In den orientalischen Fassungen ist die Kette der abgewiesenen Verfolger besonders

Verleumdete Gattin | **Verleumder Schwager, weitere Verfolgungen**

Weltl. abendld. Fassungen
(4 abgewiesene Liebhaber)

Orientalische Fassungen
(4 abgewiesene Liebhaber)
1. Nachshabī: »Papageienbuch«
2. »Der Cadi von Bagdad« in »1001 Nacht«
3. »Geschichte Repsimas«

»Macaire«
(vgl. Variante II)

»Gesta Romanorum« — »Florence de Rome«

Mirakelfassungen
(2 abgewiesene Liebhaber)
1. »Miracle de la vierge«
2. Juan de Timoneda
3. Ungarische Version und andere

Sibyllen-Sage
(vgl. Variante II)

»Crescentia«
in der »Kaiserchronik«

Hildegardis-Sage
(ohne Namen der Heldin)
bei Vinzenz von Beauvais

Der Teichner

Fassungen in: »Vie des pères«
(Reduzierung auf 1 Liebhaber
und 1 Rettung)

»Annales Campidonenses«
(mit Namen Hildegard)

»Mystère de l'empereris
de Rome«

Volksbuch

H. Sachs: »Comedi die
unschuldig Kaiserin
von Rom« (Maria durch
einen Engel ersetzt)

Nicodemus Frischlin:
»Hildegardis«

———— Erkennbare Abhängigkeit
– – – – Vermutliche Zusammenhänge

lang. Eng an sie an schließen sich die weltlichen europäischen, der französische Versroman „Bone Florence de Rome" (13. Jh.) und die Erzählung in den „Gesta Romanorum" (14. Jh.). Die Frau sperrt den jüngeren Bruder, dem sie vom Kaiser während eines Feldzuges anvertraut war, wegen seiner Zudringlichkeit in einen Turm ein, läßt ihn jedoch bei der Rückkehr des Kaisers wieder frei und reitet mit ihm dem Kaiser entgegen. Dabei fesselt der Schwager die Frau im Walde, nachdem er sie vergebens zu vergewaltigen suchte, und erzählt dann dem Kaiser, sie sei geraubt worden. Die Kaiserin gelangt an den Hof eines Herzogs, der ihr sein Kind zur Pflege anvertraut; ein Höfling stellt ihr vergebens nach, tötet darauf das Kind und verdächtigt sie des Mordes. Der Mörder heißt in der Florence-Variante Macaire – ein Zeichen für das Ausstrahlungsvermögen der *Hund-von-Aubry-Vari-*

ante. Die Frau wird als Mörderin in den Tiber geworfen, gerettet und hat nun noch die Verfolgungen durch zwei weitere abgewiesene Liebhaber zu bestehen, ehe sie ihre Rolle als Ärztin antritt. Diese beiden weiteren Verfolgungen verschwanden in der seit dem 12. Jh. bekannten Legendenfassung, statt dessen wurden die beiden Hauptabenteuer durch Episodenfiguren, die sich an der Fürstin vergreifen wollen, gestützt. Der Schwager klagt die Fürstin bei dem heimkehrenden Bruder der versuchten Verführung an. Die Handlung ist auf die nach der zweiten Verfolgung eintretende Errettung durch Maria konzentriert, die der Heldin aus Wassersnot hilft und ihr das wundertätige Kraut zeigt, mit dem sie später die Kranken heilt. Diese Mirakelversion war in zahlreichen Legenden über ganz Europa hin verbreitet. Auf eine geschichtliche Person fixiert erscheint sie in der ältesten überlieferten europäischen Variante, der Crescentia-Legende der „Kaiserchronik" (1135/50, Bearbeitung durch den Teichner 14. Jh., Volksbuch 16. Jh.), in der Petrus der Retter und Helfer der Kaiserin ist, und in der zum erstenmal bei *Vinzenz von Beauvais* (13. Jh.) überlieferten Hildegardis-Sage, in der die unschuldig verfolgte Frau abermals als Gemahlin Karls des Großen, Hildegardis, fungiert. Die Hildegardis-Legende ist der Sibyllen-Sage insofern angenähert, als die Heldin hier in den Wald verstoßen wird und ihr die Augen ausgestochen werden sollen; ein mitleidiger Ritter veranlaßt die Schergen jedoch, statt den Augen der Heldin die Augen eines Hundes vorzuzeigen.

Charakteristisch für die *vierte Motivgruppierung* ist die Auslösung des Konflikts durch eine *Wette zwischen dem von der Treue seiner Frau überzeugten Ehemann und einem Freund oder Bekannten,* der sich vermißt, die treue Frau zu verführen. Dies gelingt ihm zwar nicht, aber er kann in ihre Nähe vordringen, sich über ihr Aussehen sowie ihre Lebensgewohnheiten informieren und einige intime Gegenstände an sich nehmen, die er als Zeugnis für die gelungene Verführung und Beweis für seinen Anspruch auf Gewinn der Wette benutzt. Der Ehemann sagt sich von seiner Frau los, kehrt jedenfalls nicht zu ihr zurück. Der eine Entwicklungsstrang dieses Motivkomplexes geht dabei von der Voraussetzung aus, daß der Verleumder und Gewinner der Wette guten Glaubens ist, die Gunst der Frau, jedoch nicht die der Dienerin genossen zu haben, die von der Verleumdeten für diese später nachweisbare Stellvertretung gedungen worden war. Diese Variante ist in orientalischen Fassungen anzutreffen, aber auch im keltischen „Mabinogion", in einer Erzählung *Ruprechts von Würzburg,* in *Jakob Ayrers* „Comedia von

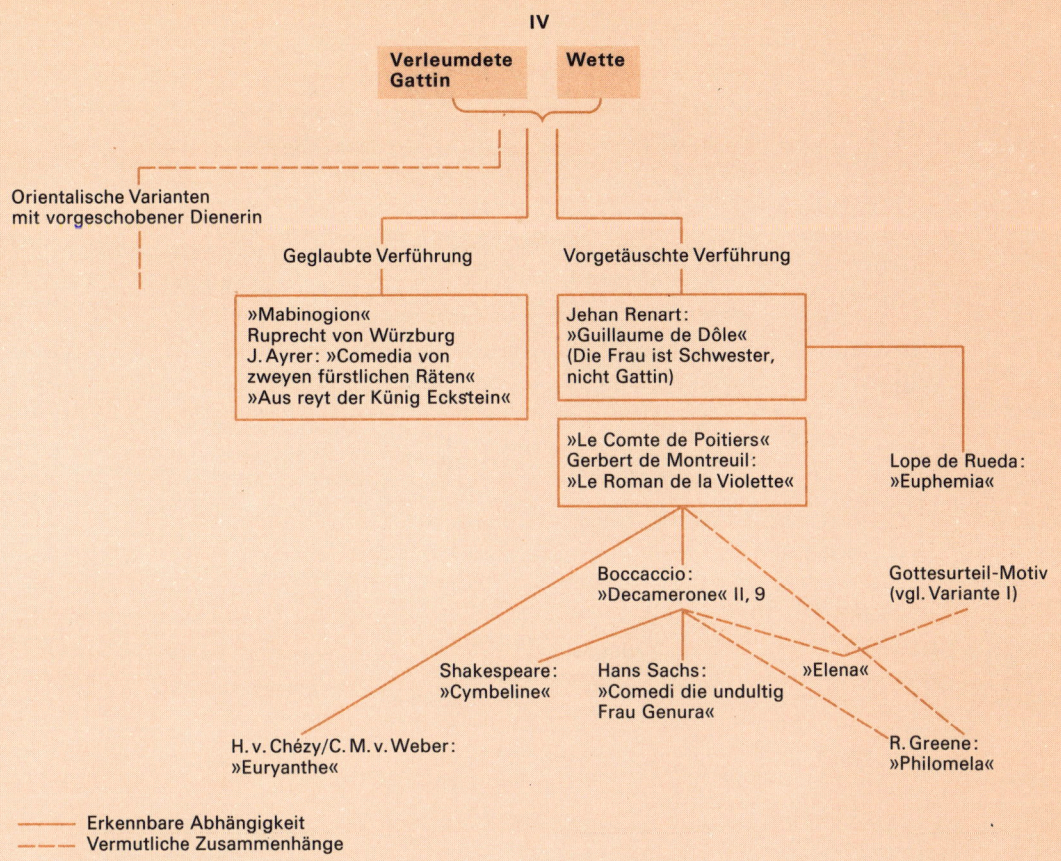

IV

Verleumdete Gattin · **Wette**

Orientalische Varianten
mit vorgeschobener Dienerin

Geglaubte Verführung · Vorgetäuschte Verführung

»Mabinogion«
Ruprecht von Würzburg
J. Ayrer: »Comedia von
zweyen fürstlichen Räten«
»Aus reyt der Künig Eckstein«

Jehan Renart:
»Guillaume de Dôle«
(Die Frau ist Schwester,
nicht Gattin)

»Le Comte de Poitiers«
Gerbert de Montreuil:
»Le Roman de la Violette«

Lope de Rueda:
»Euphemia«

Boccaccio:
»Decamerone« II, 9

Gottesurteil-Motiv
(vgl. Variante I)

Shakespeare:
»Cymbeline«

Hans Sachs:
»Comedi die undultig
Frau Genura«

»Elena«

H. v. Chézy/C. M. v. Weber:
»Euryanthe«

R. Greene:
»Philomela«

——— Erkennbare Abhängigkeit
- - - Vermutliche Zusammenhänge

zweyen fürstlichen Räten" und der Volksballade „Aus reyt
der Künig Eckstein". Bei dem anderen, spannungsreicheren
und daher auch stärker verbreiteten Motivstrang ist der Verleumder nicht Opfer eines Betrugs, sondern hat sich, nachdem er abgewiesen wurde, persönliche Gegenstände aus dem
Besitz der Frau verschafft, mit denen er seinen angeblichen
Verführungserfolg zu beweisen versucht. Nicht immer ist es
eine Wette, die eingegangen wird, sondern es fordert der die
Keuschheit der Frau rühmende Ehemann — manchmal auch
nur Bruder (*Jehan Renart* „Guillaume de Dôle" 1199/1201;
Lope de Rueda „Eufemia", Drama 1567) — den Widerspruch
eines Anwesenden und dessen Absicht heraus, den Gegenbe-
weis anzutreten. Der sich widerlegt glaubende Ehemann will
zuerst seine Frau töten, verstößt oder verläßt sie dann, erhält
später durch den Betrüger selbst Klarheit über dessen erliste-
ten Scheinerfolg und rächt sich („Le Comte de Poitiers",
Verserzählung 1170/1230). In dem „Roman de la violette"
(um 1230) des *Gerbert de Montreuil* ist die Verleumdete nicht
Ehefrau, sondern Geliebte des Grafen. In *H. v. Chézys*, auf
diesem Roman beruhendem Textbuch zu *C. M. v. Webers*

Oper „Euryanthe" (1823) wurde die Geliebte zur Braut; die Autorin koppelte das Hauptmotiv mit dem der Nebenbuhlerschaft, indem sie dem Betrüger eine Gehilfin gab, deren Hoffnung darin besteht, durch Verleumdung Euryanthes den Grafen für sich zu gewinnen.

Der *vierte Motivkomplex* erfährt eine *leichte Abänderung* in Fassungen, in denen die *verstoßene Frau sich auf den Weg macht, um selbst ihr Recht zu suchen,* und entweder von dem Verleumder dessen Betrug unerkannt erfährt oder ihm das Geständnis seines Frevels erpreßt. Für diesen Entwicklungsstrang gab eine Novelle des *Boccaccio* („Decamerone" II, 9) das Muster her, in der Bernabo von Genua seine Frau Ginevra als vorbildlich treu rühmt. Einer der Anwesenden, Ambrogiuolo, gelangt durch Bestechung einer alten Frau in Ginevras Schlafzimmer und entwendet ihren Gürtel. Auf diesen „Beweis" hin befiehlt Bernabo seinem Diener, die scheinbar treulose Gattin auf dem Wege zu ihm zu begleiten und zu töten, der mitleidige Diener aber gibt ihr Gewänder, mit denen sie fortan als Mann auftritt und bis zum Beamten des Sultans aufsteigt. Als solcher entdeckt sie bei dem Kaufmann Ambrogiuolo ihren Gürtel, erfährt den Betrug und zwingt Ambrogiuolo zu einem Geständnis in Gegenwart ihres herbeigeholten Mannes. Der Betrüger und Verleumder wird auf Befehl des Sultans mit Honig beschmiert an einen Pfahl gebunden, so daß ihn die auf diese Weise angelockten Insekten zu Tode quälen. *Shakespeare* verknüpfte Boccaccios Novelle in dem Drama „Cymbeline" (1611) mit Elementen einer bretonischen Sage, die er in *Holinsheds* „Chronicles" (1577) fand. Die Heldin Imogen, Tochter des bretonischen Königs Cymbeline, hat einen unebenbürtigen Mann geheiratet, der ihr durch Verbannung entrissen wird und in Rom durch seine prahlerischen Reden die Wette heraufbeschwört. Imogen vermag sich, als Mann verkleidet, in den politischen Wirren durchzusetzen und kann nach einer Schlacht gegen die Römer ihren am Finger des römischen Verleumders entdeckten Ring zur Aufklärung ihrer Unschuld benutzen. Eine Koppelung mit dem Gottesurteil-Motiv, wie im ersten Motivkomplex, ist in dem italienischen Gedicht „Elena" (14. Jh.) vollzogen, da hier die Frau ihren Verleumder zum gerichtlichen Zweikampf fordert und durch ihren Sieg sowohl die eigene Ehre wiederherstellt als auch ihren Mann vom Tode rettet, zu dem er wegen seines scheinbar ungerechtfertigten Prahlens verurteilt worden war. Nicht um eine eigentliche Wette, sondern lediglich um eine Verabredung des Ehemanns mit dem Freund, die Ehefrau auf ihre Treue zu prüfen, handelt es sich in *Robert Greenes* Erzählung „Philomela" (1592); wie in dem schon er-

wähnten „Pandosto" des gleichen Autors geht der Verdacht
gegen die Frau allein von dem mißtrauischen Ehemann aus,
der sogar zur Bestechung falscher Zeugen greift und später,
von seiner Frau zwar vor der Verurteilung zum Tode gerettet,
als ein im Übermaß Schuldiger nicht mehr mit ihr vereint
werden kann, sondern vor Reue und Erschütterung stirbt.
Dem vierten Motivkomplex mit dem auslösenden Motiv der
Wette, bei dem es sich in einigen Fällen um eine unverheira-
tete Frau handelte, steht als *fünfter Motivkomplex* die *Tat des
Nebenbuhlers eines Freiers* nahe, die zuerst von *Ludovico
Ariosto* im „Orlando furioso" (1532) erzählt wurde. Ariodante, der um Ginevra wirbt, wird von seinem Nebenbuhler
Polinesso überzeugt, daß die Geliebte diesen des öfteren
nachts bei sich empfangen habe. Polinesso läßt ihn zusehen,
wie er nachts in das Schloß einsteigt und von einer Frau empfangen wird, die Ginevras Schmuck trägt, aber in Wirklichkeit die verkleidete Kammerzofe ist. Ariodante sucht den Tod
im Meer, ertrinkt jedoch nicht. Sein Bruder will ihn rächen
und beschuldigt Ginevra der Unkeuschheit. Ariodante ist be-
reit, unerkannt für die Geliebte mit dem Bruder zu kämpfen,
aber die Kammerfrau, die von Polinesso zum Tode bestimmt
ist, wird gefunden und klärt alles auf. Diese Erzählung wurde
von *Matteo Bandello* mit den veränderten Namen Timbreo
und Fenicia (1554) sowie einigen inhaltlichen Abweichungen
wiederholt: Der Rivale, hier zugleich Freund des Freiers, benutzt seinen Diener als den, der bei der Zofe einsteigt; der
Scheintod ist vom Liebhaber auf die Braut übertragen, die bei
der Anschuldigung ohnmächtig wird und von ihrem Vater bis
zur Wiederherstellung ihrer Ehre verborgen wird; die Reue
des Verleumders erbringt die Lösung. Als *Shakespeare* um
1600 den Erzählstoff für „Much ado about nothing" bearbei-
tete, lagen außer den Übersetzungen beider italienischer Versionen und einer Nacherzählung der Ariodante-Geschichte
durch *Spenser* in „Faerie Queene" (1590–96) bereits englische
Dramatisierungen vor. Von Bandello stammt bei Shakespeare
die Toterklärung durch den Vater, von Ariosto die Betrugs-
intrige. Die Intrige mit der Toterklärung, dem verborgenen
Weiterleben der Frau und ihrer späteren Wiedervereinigung
mit dem Ehemann baute *Shakespeare* auch, entgegen seiner
Quelle, in „The Winter's Tale" ein. Auf Ariosto allein beruht
Voltaires Tragödie „Tancrède" (1760), in der es sich um eine
heimlich Verlobte handelt, die durch ihren Vater mit einem
anderen verlobt werden soll, ihren verbannten Verlobten
brieflich herbeizitiert und dadurch in den Verdacht des Va-
terlandsverrats gerät. Obwohl der Verlobte sie der Untreue
für schuldig hält, kämpft er für sie gegen ihren zweiten Ver-

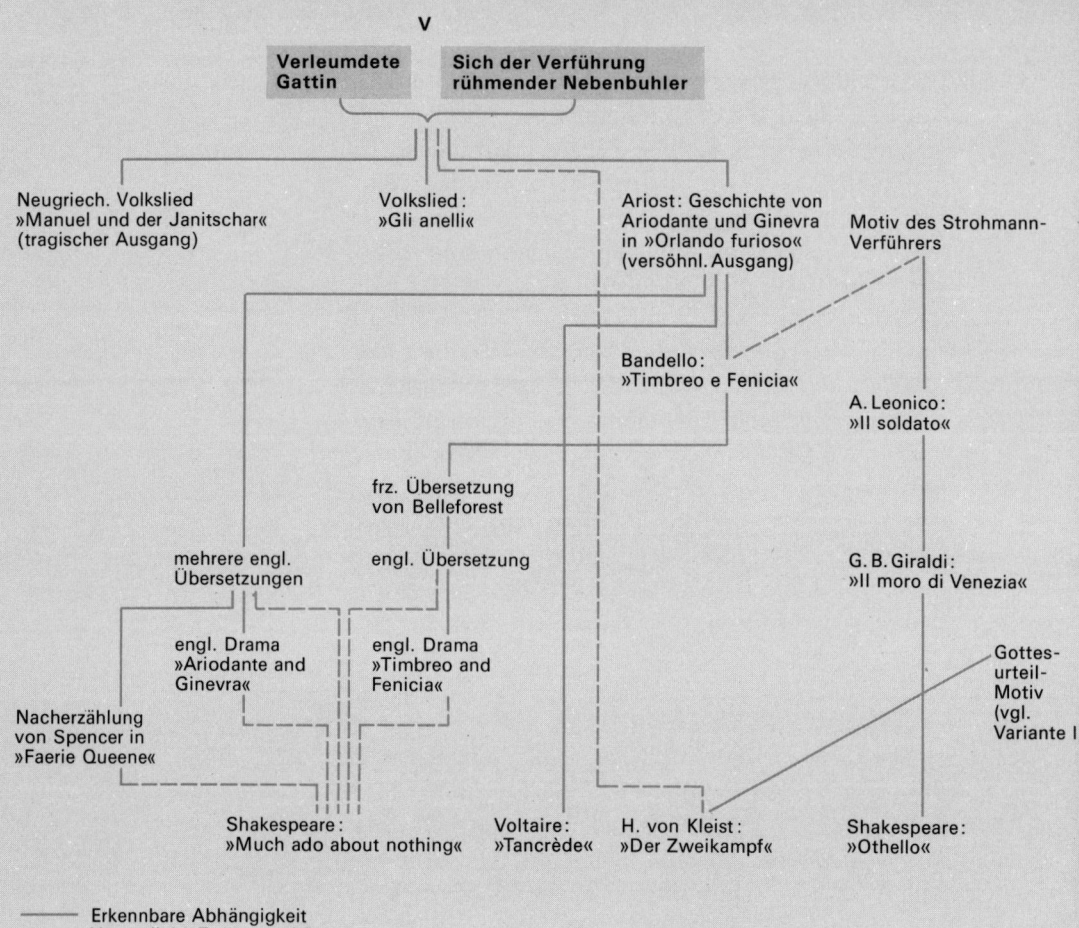

V

| Verleumdete Gattin | Sich der Verführung rühmender Nebenbuhler |

Neugriech. Volkslied »Manuel und der Janitschar« (tragischer Ausgang)

Volkslied: »Gli anelli«

Ariost: Geschichte von Ariodante und Ginevra in »Orlando furioso« (versöhnl. Ausgang)

Motiv des Strohmann-Verführers

Bandello: »Timbreo e Fenicia«

A. Leonico: »Il soldato«

frz. Übersetzung von Belleforest

mehrere engl. Übersetzungen

engl. Übersetzung

G. B. Giraldi: »Il moro di Venezia«

engl. Drama »Ariodante and Ginevra«

engl. Drama »Timbreo and Fenicia«

Gottes-urteil-Motiv (vgl. Variante I)

Nacherzählung von Spencer in »Faerie Queene«

Shakespeare: »Much ado about nothing«

Voltaire: »Tancrède«

H. von Kleist: »Der Zweikampf«

Shakespeare: »Othello«

——— Erkennbare Abhängigkeit
--- Vermutliche Zusammenhänge

lobten und Ankläger und sucht dann den Schlachtentod: Amenaide vermählt sich mit dem Sterbenden. Voltaire dürfte auch Fassungen des Themas gekannt haben, die in die Tradition mit *Gottesurteil-Motiv* gehören. Im Zusammenhang mit dem Gottesurteilmotiv taucht das Motiv des durch die vorgeschobene oder hier aus eigenem Entschluß handelnde Kammerfrau betrogenen Verleumders auch in *Kleists* schon erwähnter Novelle „Der Zweikampf" auf.

Die Umgestaltung der Novelle des *Ariosto* durch *Bandello* führt insofern etwas von dem fünften Motivkomplex fort, als der Gegenspieler sich nicht selbst der Verführung der Frau rühmt, sondern einen Strohmann vorschiebt, der dem Ehemann bei seiner Tat gezeigt wird. Diese Sonderform des Motivs steht in Beziehung zu anderen tragisch verlaufenden Betrugs- und Eifersuchtsmotiven der italienischen Literatur des 16. Jahrhunderts. In *A. Leonicos* Drama „Il soldato" (1550) erfindet der abgewiesene rachsüchtige Soldat einen ähnlichen

Fenstereinstieg, um sich durch den bei diesem Anblick wut-
entbrannten Ehemann nicht nur an dessen Frau, sondern zugleich an einem alten Feind zu rächen, den er für den Verführer der Frau ausgibt. Ähnlich verläuft die Intrige in
G. B. Giraldis Novelle „Il moro di Venezia" (1565); allerdings vermutet hier der abgewiesene Fähnrich, in dem Leut-
nant wirklich einen bevorzugten Rivalen zu haben. *Shakespeare* legte Giraldis Stoff seinem „Othello" (1604) zugrunde,
ließ wie seine Quelle die verleumdete Gattin durch die Eifersucht ihres Mannes sterben und den verwundeten Strohmann
Cassio entkommen, nahm jedoch dem Verleumder die so
wichtige Motivation der abgewiesenen Liebe und formte ihn
in einen neidischen Bösewicht um, der sowohl den avancier-
ten Cassio wie den mit Glück gesegneten Feldherrn und Ehemann Othello haßt; der „Mohr" Othello sühnt seine über-
eilte Gattenrache mit dem Freitod.

In den Umkreis der in Rede stehenden fünften Motivvariante,
die dadurch gekennzeichnet ist, daß sich der Nebenbuhler der
Verführung rühmt, kann man auch das italienische Volkslied
„Gli anelli" einordnen. Der kurz nach der Hochzeit in den
Krieg gezogene Prinz wird von einem abgewiesenen Liebhaber seiner Frau aufgesucht, der ihm zwei Ringe vorweist, die
der Prinz seiner Frau geschenkt hat. Er eilt nach Hause, wütet
gegen seine Frau und sein inzwischen geborenes Kind, verletzt beide tödlich und erkennt zu spät, daß die Ringe unver-
sehrt im Kasten liegen und die vorgewiesenen gefälscht waren; er gibt sich selbst den Tod. Mit der Tötung der Frau endet
auch die neugriechische Ballade „Manuel und der Janitschar", in der sich ein Janitschar vor dem Ehemann genauer
Kenntnis der Kleidung der Ehefrau und seiner Liebe zu ihr
gerühmt hat.

Der *Verleumdung und Verstoßung einer Fürstin* – dies der
sechste Motivkomplex – sind *auch nicht-erotische Motive
zugrunde* gelegt worden. Hier führen Neid und Mißgunst
zum Sturz. In der mittelalterlichen Sage von Helene oder von
Mai und Beaflor ist es die Schwiegermutter, die in der Abwesenheit ihres Sohnes an der Vernichtung der ihr unwillkom-
menen Schwiegertochter arbeitet, seine Briefe und Siegesmel-
dungen fälscht und einen Befehl erlügt, nach dem Frau und
Kinder in die Wildnis zu schicken und ihnen Hände und Füße
abzuhacken sind. Das Mitleid der Schergen verhindert die
völlige Verstümmelung. Der heimgekehrte König bestraft die
Schuldige und findet später seine Familie wieder. Auch diese
Erzählung wurde im Mittelalter weit verbreitet und auf verschiedene historische und halbhistorische Personen übertragen. Eine der frühesten Fassungen liegt in dem vielleicht

Alexandre de Bernai zuzuschreibenden, später als Volksbuch verbreiteten Roman „La belle Hélène de Constantinople" (um 1200) vor. Hier meldet die Schwiegermutter ihrem Sohn, seine Frau habe zwei Hunde geboren, in *Philippe de Beaumanoirs* „Histoire de la Manequine" (1270/80) behauptet sie, die Frau sei mit einem Ungeheuer niedergekommen, und ähnliches erzählt die deutsche Geschichte „Des Reußenkönigs Tochter" (u. a. in *Jansen Enikels* „Weltchronik", Ende 13. Jh.); in „Mai und Beaflor" ist ein uneheliches Kind geboren worden. In England war der Stoff im 14. Jh. in der Ballade „Emaré" verbreitet. *John Gower* („Confessio amantis", 1390) und *Geoffrey Chaucer* in „The Man of Law's Tale" (um 1400) erzählten ihre Constance-Geschichte nach dem „Chronicon" des *Nicolas Trivet* und ließen die Heldin in einem ruderlosen Boot ausgesetzt werden. Daß sie das *Schwiegermuttermotiv* in zwei Ehen der Heldin wiederholten, erinnert an den *Crescentia-Stoff,* von dessen verschiedenen Protagonistinnen auffälligerweise eine den Namen Constance trägt. Die übrigen Fassungen des Stoffes enthalten anstelle der ersten Ehe der Heldin eine Inzestgeschichte. Zu ihr gehört ursprünglich wohl die Verstümmelung der Heldin: sie hackt sich eine Hand ab, um den Nachstellungen des Vaters zu entgehen. In späteren Fassungen erfolgt der Verlust der Hand im Zusammenhang mit dem Blutbefehl des Ehemanns. Die wunderbare Heilung der Verletzung bot einen Ansatzpunkt für legendäre Fassungen. Von den späteren Sprossen des Motivkomplexes weist *Hans von Bühels* Verserzählung „Die Königstochter von Frankreich" (1401) Ähnlichkeiten mit „La Manequine" auf, und auch die entsprechende Episode in der Chanson de geste „Herpin", die in *Elisabeths von Nassau-Saarbrücken* Übersetzung (1514) aufgenommen wurde, ist der Manequine-Fassung nachgebildet. Im französischen und deutschen Volksbuch von Helene sind die Schicksale der durch Tiere ihrer Mutter geraubten Zwillingssöhne breit ausgeführt. Hier zweigte ein neuer Ast des Stoffes ab, dessen Kern die Erlebnisse der Söhne bilden und der den ersten Handlungsteil, die Inzestgeschichte, abgestoßen hat. Er dokumentierte sich in der seit Ende des 14. Jh. vom niederländischen Raum her verbreiteten Geschichte von „Valentin und Namelos", mit der wiederum das aus Frankreich stammende Volksbuch „Valentin et Orson" (15. Jh.) verwandt ist, das jedoch das Schwiegermuttermotiv aufgab, und in der Erzählung „Florent et Lyon, fils de l'empereur de Rome", die von *Hans Sachs* dramatisiert und in der Übersetzung *Wilhelm Salzmanns,* um eine Liebesepisode bereichert, als Volksbuch „Vom Kaiser Octavianus" (1535) bekannt wurde. Die Ver-

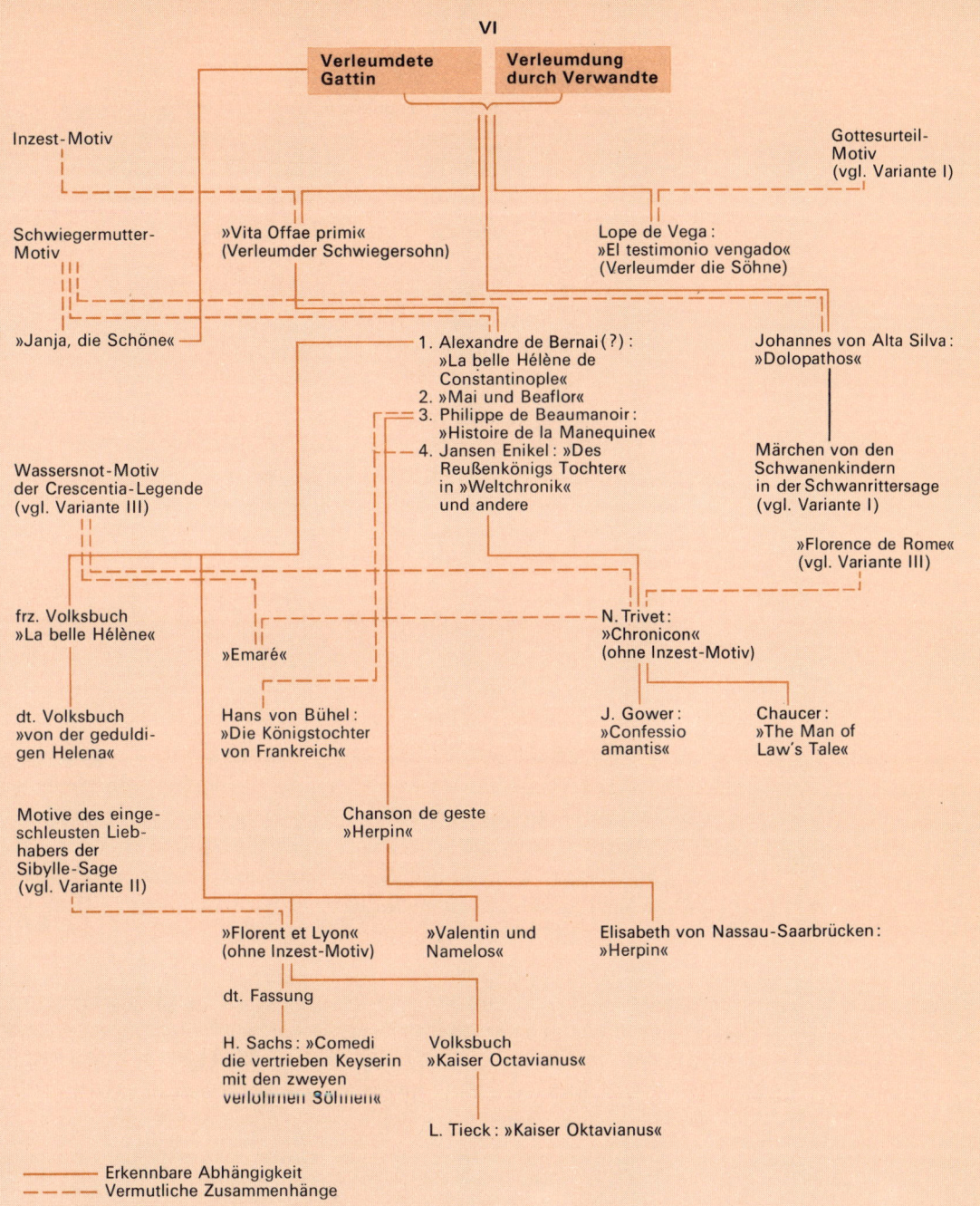

VI

Verleumdete Gattin — **Verleumdung durch Verwandte**

Inzest-Motiv

Gottesurteil-Motiv (vgl. Variante I)

Schwiegermutter-Motiv

»Vita Offae primi« (Verleumder Schwiegersohn)

Lope de Vega: »El testimonio vengado« (Verleumder die Söhne)

»Janja, die Schöne«

1. Alexandre de Bernai (?): »La belle Hélène de Constantinople«
2. »Mai und Beaflor«
3. Philippe de Beaumanoir: »Histoire de la Manequine«
4. Jansen Enikel: »Des Reußenkönigs Tochter« in »Weltchronik« und andere

Johannes von Alta Silva: »Dolopathos«

Märchen von den Schwanenkindern in der Schwanrittersage (vgl. Variante I)

Wassersnot-Motiv der Crescentia-Legende (vgl. Variante III)

»Florence de Rome« (vgl. Variante III)

frz. Volksbuch »La belle Hélène«

N. Trivet: »Chronicon« (ohne Inzest-Motiv)

»Emaré«

dt. Volksbuch »von der geduldigen Helena«

Hans von Bühel: »Die Königstochter von Frankreich«

J. Gower: »Confessio amantis«

Chaucer: »The Man of Law's Tale«

Motive des eingeschleusten Liebhabers der Sibylle-Sage (vgl. Variante II)

Chanson de geste »Herpin«

»Florent et Lyon« (ohne Inzest-Motiv)

»Valentin und Namelos«

Elisabeth von Nassau-Saarbrücken: »Herpin«

dt. Fassung

H. Sachs: »Comedi die vertrieben Keyserin mit den zweyen verlohrnen Söhnen«

Volksbuch »Kaiser Octavianus«

L. Tieck: »Kaiser Oktavianus«

—— Erkennbare Abhängigkeit
- - - Vermutliche Zusammenhänge

leumdung der Kaiserin weist hier durch das Motiv des eingeschleusten Liebhabers Einflüsse der Sibyllen-Sage auf. Der Stoff wurde durch *Ludwig Tiecks* exemplarisch romantisches Drama erneuert. Das *Schwiegermuttermotiv* findet sich auch in dem manchen Fassungen der Schwanrittersage vorangestellten „Märchen von den Schwanenkindern", das dem

„Dolopathos" des *Johannes von Alta Silva* (um 1300) entnommen ist. Die Nixe Beatrix und ihre sieben Söhne werden von der Mutter des Mannes, des Königs Oriant, gehaßt, die Beatrix sieben Hunde unterschiebt, während sie die Knaben in Schwäne verwandelt, deren einer später als Schwanritter Helias im Gottesgericht für die Mutter eintritt. In dem serbischen Lied „Janja, die Schöne" verbreitet die Schwiegermutter das Gerücht, die Schwiegertochter liebe ihren Schwager. Der Ehemann hört das Gerücht, als er von der Jagd zurückkehrt, und tötet seine Frau. Die früheste Fassung der Mai-und Beaflor-Sage in der „Vita Offae primi" (12. Jh.) läßt den Schwiegersohn die Königin stürzen. In *Lope de Vegas* Drama „El testimonio vengado" klagen die eigenen Söhne die Mutter in der Abwesenheit des Vaters an, weil sie sich von ihr unterdrückt fühlen, und der Retter ist ein natürlicher Sohn des Ehemannes, der im Gottesgericht für die Frau seines Vaters eintritt. Auch in diesem Motivkomplex trat das Gottesurteilmotiv zu dem Kernmotiv aus Wahlverwandtschaft.

Die im vorhergehenden interpretierte und graphisch aufgezeigte *Entwicklung des Motivs von der verleumdeten Gattin* läßt erkennen, mit welchen komplexen Vorgängen man es bei einer Motivuntersuchung zu tun hat. Das Beispiel sollte verdeutlichen, daß trotz der charakteristischen Eigenheiten, die jede der Varianten aufweist, andere Motive dieser Verschiedenheit entgegenarbeiten und Verbindungen sowie Gemeinsamkeiten zwischen den Varianten herstellen. Das Motiv des Waldlebens, des heimlich eingeschleusten Mannes als angeblichen Liebhabers, der mitleidigen Schergen, des falschen Tötungs- oder Verstümmelungsbelegs, der vorgeschobenen Dienerin und andere kleine, in der umrißhaften Skizze nicht erwähnte Züge wandern zwischen den einzelnen Motivsträngen hin und her und schaffen Anklänge innerhalb des ganzen Bereichs, die durch die dominierende Position des Kernmotivs von der unschuldig angeklagten Frau ermöglicht werden. Die gemeinsamen kleinen Züge mögen von den Autoren in bewußter oder auch unbewußter Erinnerung an früher gehörte verwandte Erzählungen in den jeweiligen Motivkomplex hineingebracht worden sein.

In anderen Fällen wiederum drohen die durch Motivkoppelung mit dem Kernmotiv verknüpften Motive das Kernmotiv zu überwuchern oder sich ihm nicht genügend anzupassen. Während das Motiv des Gottesurteils, das der Wette und das oft zu tragischer Lösung führende des sich seiner Eroberung rühmenden Nebenbuhlers adäquate Motive sind, die sich dem Hauptmotiv gut angefügt haben, ohne das innere Gleichgewicht zu stören, erwies sich die Geschichte des

Hundes von Aubry als zu selbständig, und es drückte deshalb das Hauptmotiv beiseite; nicht umsonst besteht es auch als selbständiger Erzählstoff. Über der Klärung des Mordes durch Aubrys Hund ist man geneigt, die Orientreise der Königin und ihre Rechtfertigung zu vergessen. Denn das ursprünglich für die Handlung wichtige Verbrechen ist ja nicht der Mord an Aubry, sondern die falsche Anschuldigung gegen die Königin. Der Erzähler, der zuerst den Verleumder und den Mörder zu einer Figur zusammenzog, tat einen großen Schritt in Richtung auf die Amalgamierung des Mordmotivs, der aber noch nicht reichte, um die aus dem Mord hervorgehende Tat des Hundes und die so spannende Aufklärung des Mordes entsprechend klein zu halten.

Vollends schlecht angepaßt wirkt das zweite der Heldin angelastete Verbrechen – wieder ein Mord –, das sich im Crescentia-Stoff und seinen Varianten an die Verleumdung anschließt. Die ursprüngliche, im Orient nachgewiesene Fassung des Stoffes bestand aus einer Reihung von Motivwiederholungen – viermal muß die Heldin einen Verliebten abweisen, und viermal nehmen diese Abgewiesenen Rache an ihr. Eine solche Erzählweise ist für jede Abenteuerhandlung legitim, sie koppelt gleichwertige Handlungsteile ad infinitum aneinander. Ändert der Erzähler aber die reihende Struktur und arbeitet er auf einen im Zentrum der Handlung oder in deren drittem Viertel gelegenen Höhepunkt zu, wie es der anonyme Erfinder der Mirakelfassung tat, der die Rettung durch Maria als Höhepunkt ansah, so droht die Fülle der gereihten Glieder die Höhepunktsbildung zu gefährden. Daher kappte dieser Erzähler die Auftritte der zwei letzten zudringlichen Männer. Freilich bewirkte er dadurch, daß nun das erste, entscheidende Handlungsglied, die Verleumdung durch den Schwager, zum Vorspiel des zweiten Gliedes, der Mordgeschichte, absinkt, und dies um so mehr, wenn die Autoren von leicht abweichenden Versionen der Mirakelfassung die Aussetzung der Verfolgten auf einem Strom oder sonstigem Gewässer sowie die Errettung aus Wassersnot jeweils zweimal vor sich gehen lassen. Trotz der Unterordnung des ersten Erzählgliedes unter das zweite bleibt jedoch eine Zweigipfligkeit der Handlung erhalten, die künstlerisch nicht befriedigt und nur in der eigentlichen Crescentia-Fassung wieder aufgehoben wird, in der die Marienlegende mit ihrem Wunderhöhepunkt zu einer Beichtlegende wurde, die den Akzent auf den Schluß, die Beichte aller Männer und deren Lossprechung durch die Heldin, legt und so das Schwergewicht der Gesamtstruktur erneut verlagert.

Eine künstlerisch unbefriedigende Zweiteilung liegt auch im

Mai-und-Beaflor-Stoff vor. Der erste Teil besteht in einem versuchten Inzestvergehen des Vaters an der Tochter, der zweite in der Ehe der davor bewahrt gebliebenen Tochter und ihrer Verfolgung durch die Schwiegermutter. Die älteste Fassung in der „Vita Offae primi" zeigt deutlich, daß die Inzesthandlung ursprünglich nur ein Vorspiel war, um die Auffindung der von ihrem Vater ausgesetzten Heldin im Walde zu motivieren. Durch Aufschwemmung entstanden dann in späteren Fassungen zwei nahezu gleichwertige Teile, die nur durch die Motivwiederholung – zweifache Vertreibung und zweimaliges Leben in der Einsamkeit – miteinander verbunden sind. Die nach *Nicolaus Trivet* gestalteten Fassungen von *Gower* und *Chaucer,* die beide die Inzesthandlung durch eine erste Ehe mit Verleumdung und Vertreibung ersetzten, zeigen das vielleicht durch den Crescentia-Stoff angeregte Bestreben der Autoren, den Zerfall in zwei kaum aneinander angepaßte Motive durch konsequente Motivwiederholung zu verhüten, wofür sie die aller Wiederholung innewohnende Spannungsminderung in Kauf nehmen, ohne die Zweiteilung wirklich aufheben zu können. Nur der Octavianus-Stoff vermochte durch Abstoßung des ersten Gliedes Geschlossenheit zu erlangen.

Die am Motiv von der unschuldig angeklagten Frau aufgezeigten Motivkomplexe waren zum Teil mit ausgereiften Stoffen (Crescentia-Stoff, Stoff von der Königin Sibylle u. a.) gleichzusetzen oder letzte Vorstufen zu Stoffen wie dem Schwanritterstoff und dem Genovefa-Stoff.

Stoff

Der Stoff als Herausforderung

„Der große Künstler", so schreibt *Schiller* 1793 an seinen Freund Körner, „... zeigt uns den Gegenstand (seine Darstellung hat reine Objektivität), der mittelmäßige zeigt sich selbst (die Darstellung hat Subjektivität), der schlechte seinen Stoff (die Darstellung wird durch die Natur des Mediums und durch die Schranken des Künstlers bestimmt)." Daher ist nach Schillers Meinung für eine ästhetische Beurteilung nie der Stoff maßgebend, sondern eine so weit gelungene formale Umsetzung des Stoffes in ein Kunstprodukt, daß das Werk „frei", d. h. sowohl unabhängig von dem ihm zugrunde liegenden Stoff als auch von der möglicherweise in ihm beschlossenen Idee, erscheint. Tatsächlich hat der Stoff am Wert einer Dichtung allenfalls insofern Anteil, als er ohne ihn nie zustande gekommen wäre. Er gehört zur Individualität des Werkes, und die durch ihn bedingten formalen Qualitäten können nicht auf einen anderen Stoff übertragen werden. Stoff ist eine Herausforderung, ein „Sporn" für den Dichter, wie *Hölderlin* es ausgedrückt hat. Dabei ist es gleich, ob es sich um einen erfundenen oder einen gefundenen, einen aus Geschichte oder Gegenwart sich andrängenden, künstlerisch noch ungeformten, oder einen Stoff mit langer literarischer Tradition handelt. Stoff als ein Verbund von Motiven, Handlungseinheiten, Figuren, Zügen stellt sich mit seinem zwar nicht starren und invariablen, aber doch in Umrissen festen Handlungszusammenhang in jedem Fall als Aufgabe dar, die eine Umstellung, Variierung, Verstärkung, sogar Eliminierung von Bestandteilen zuläßt, aber eine totale Veränderung nicht erlaubt, solange überhaupt von einer stofflichen Vorlage gesprochen wird. „Ich halte es mit meinen Stoffen wie Jakob mit dem Engel", hat *C. F. Meyer* geäußert, dessen Ringen mit Stoffen sich oft über viele Jahre hinzog.

Es ist sehr entscheidend, mit welchen verändernden Griffen aus dem Rohstoff ein auf seine Art befriedigender literarischer Stoff geformt wird. Es bedurfte nicht erst *Lessings* bekannter Feststellung, daß der dramatische Dichter kein Geschichtsschreiber sei, um Autoren zu den von Lessing freigestellten Veränderungen historischer Stoffe zu ermutigen, denn auch vor ihm sind solche Materialien, und sogar auf recht gewaltsame Weise, nach dem Belieben der Verarbeiter

Elisabeth von Ardenne geb. von Plotho,
das Urbild der Effi Briest

Marianne Hoppe als Effi in dem Film „Der Schritt vom Wege", 1939,
der ersten Verfilmung des Stoffes

Fontane an Hans Hertz, 2. März 1895
… Meine Gönnerin Lessing … erzählte mir die ganze Effi-Briest-Geschichte, und als die Stelle kam, 2. Kapitel, wo die spielenden Mädchen durchs Weinlaub in den Saal rufen: „Effi komm", stand mir fest: „Das mußt du schreiben." Auch die äußere Erscheinung Effis wurde mir durch einen glücklichen Zufall an die Hand gegeben; ich saß im Zehnpfund-Hotel in Thale, auf dem oft beschriebenen großen Balkon, Sonnenuntergang, und sah nach der Roßtrappe hinauf, als ein englisches Geschwisterpaar, er 20, sie 15, auf den Balkon hinaustrat und 3 Schritt vor mir sich an die Brüstung lehnte, heiter plaudernd und doch ernst. Es waren ganz ersichtlich Dissenterkinder, Methodisten. Das Mädchen war genau so gekleidet, wie ich Effi in den allerersten und dann auch wieder in den allerletzten Kapiteln geschildert habe: Hänger, blau und weiß gestreifter Kattun, Ledergürtel und Matrosenkragen. Ich glaube, daß ich für meine Heldin keine bessere Erscheinung und Einkleidung finden konnte…

abgewandelt worden, aber die auf Lessing folgende Generation dürfte sich doch dieser Lizenz bewußt erfreut haben. Die „menschlich ritterliche Größe" des Grafen Egmond, die *Goethe* 1775 in *Famianus Stradas* „Belgischem Krieg" hervorgehoben und der düsteren politischen Klugheit Oraniens gegenübergestellt fand, veranschaulichte für den jungen Dichter das Phänomen des „Dämonischen" als menschliche Qualität und als außerhalb der Person liegende Schicksalsmacht, das ihn damals beschäftigte; der niederländische Freiheitskämpfer drängte sich ihm als Held eines Dramas auf. „Allein zu meinem Gebrauche mußte ich ihn in einen Charakter umwandeln, der solche Eigenschaften besaß, die einen Jüngling besser zieren als einen Mann in Jahren, einen unbeweibten besser als einen Hausvater, einen Unabhängigen mehr als einen, der, noch so frei gesinnt, durch mancherlei Verhältnisse begrenzt ist." Goethe hielt sich trotzdem in den Grenzen der Lessingschen Richtlinien, nach denen die Änderungen einer historischen Persönlichkeit glaubhaft sein müssen und ihrem allgemein vertrauten Bilde nicht widersprechen dürfen, denn Goethes Egmont kam mit seinem auf persönlicher Tapferkeit beruhenden, seine Umwelt faszinierenden Wesen der üblichen Vorstellung von einem patriotischen Freiheitskämpfer durchaus entgegen. Kenntnisse über Egmonts private Umstände dürften bei dem durchschnittlichen Publikum nicht vorauszusetzen gewesen sein. Sehr wohl jedoch lagen solche bei *Goethes* Kritiker *Schiller* vor, der sich anläßlich des „Don Karlos" mit der Geschichte des Abfalls der Niederlande beschäftigt hatte und die Sache der politischen Freiheit nur einem „großen" Charakter anvertraut sehen wollte, in dessen Herzen ein „Liebchen" keinen bestimmenden Platz einnehmen durfte. Was Schiller eben noch als „poetische Tugend" seines „Fiesko" verteidigt hatte, die Beimischung der Sprache des Herzens in die der Kabinette, wurde dem Werk Goethes als Nachteil angekreidet, die Umwandlung des Vaters von elf Kindern in einen jugendlichen Liebhaber nicht nur als Verstoß gegen eine einleuchtendere historische Gegebenheit, sondern auch als Einbuße an ästhetischer Wirkung angesehen, die von den rührenden Situationen und Konflikten des Familienvaters hätte ausgehen können.

Wie Egmont durch Goethes Gestaltung als Inbegriff eines unbekümmerten jugendlichen Freiheitshelden die historische Folie überdeckt hat, schob sich *Fontanes* Effi Briest, die wir gewohnt sind als Opfer einer Konventionsehe zu sehen, mit vollem Recht vor ihr historisches Urbild, bei dem es sich nicht um eine bedeutende Persönlichkeit handelte. Sieht man in Fontane den realistischen Gesellschaftskritiker, so erwartet man in dem Stoff, der ihn herausforderte, den für das späte 19. Jahrhundert exemplarischen Fall einer auf Grund von Erziehung, Ehrgeiz der Eltern, Vorurteilen und Despotie des Ehemanns nicht zur Selbstverwirklichung gelangenden, tragisch untergehenden Frau zu finden. Nun wissen wir seit noch nicht langer Zeit, daß das Urbild der durch eine Berliner Ehebruchsaffäre angeregten, mit dem Vornamen vielleicht einer Scottschen Romanheldin, vielleicht auch der Hauptperson eines zeitgenössischen englischen Gesellschaftsskandals und mit dem Nachnamen eines ausgestorbenen märkischen Geschlechts versehenen, in der äußeren Erscheinung einer jungen englischen Methodistin nachmodellierten Romanheldin Fontanes Elisabeth von Ardenne geb. von Plotho war, deren Mann Fontane flüchtig kannte und deren Lebenslauf sowie Ehekatastrophe der Dichter von einer Tischnachbarin ziemlich genau erfahren haben muß. Fontane entwickelte jedoch aus dem Rohstoff einen Charakter und ein Schicksal, die sich weit von der Vorlage entfernen. Das Natürlich-Unverbildete, aber auch Ungebildete der Elisabeth von Plotho beließ Fontane seiner Effi, jedoch die fünf immer bereiten

Schiller: Über Egmont, Trauerspiel von Goethe. Allgemeine Literaturzeitung, 20. IX. 1788

…In der Geschichte nämlich war Egmont verheiratet und hinterließ neun (andere sagen elf) Kinder, als er starb. Diesen Umstand konnte der Dichter wissen und nicht wissen, wie es sein Interesse mit sich brachte; aber er hätte ihn nicht vernachlässigen sollen, sobald er Handlungen, welche natürliche Folgen waren, in sein Trauerspiel aufnahm… Weil er (Egmont) zu fein und zu edel denkt, um einer Familie, die er über alles liebt, ein hartes Opfer zuzumuten, stürzt er sich selbst ins Verderben… Indem der Dichter ihm Gemahlin und Kinder *nimmt*, zerstört er den ganzen Zusammenhang seines Verhaltens. Er ist gezwungen, dieses unglückliche *Bleiben* aus einem leichtsinnigen Selbstvertrauen entspringen zu lassen, und verringert dadurch gar sehr unsere Achtung für den Verstand seines Helden, ohne ihm diesen Verlust von Seiten des Herzens zu ersetzen. Im Gegenteil – er bringt uns um das rührende Bild eines Vaters, eines liebenden Gemahls, – um uns einen Liebhaber von ganz gewöhnlichem Schlag dafür zu geben, der die Ruhe eines liebenswürdigen Mädchens, das ihn nie besitzen und noch weniger seinen Verlust überleben wird, zu Grund richtet, dessen Herz er nicht einmal besitzen kann, ohne eine Liebe, die glücklich hätte werden können, vorher zu zerstören, der also, mit dem besten Herzen zwar, zwei Geschöpfe unglücklich macht, *um die sinnenden Runzeln von seiner Stirne wegzubaden.* Und alles dieses kann er nur auf Unkosten der historischen Wahrheit, möglich machen, die der dramatische Dichter allerdings hintansetzen darf, um das Interesse seines Gegenstandes zu *erheben*, aber nicht, um es zu *schwächen.*

männlichen Spielkameraden wurden in drei Pastoren- bzw. Küsterstöchter verwandelt, und aus dem wilden Ritt über die Elbwiesen und dem in Sturz und Bewußtlosigkeit endenden Galoppsprung über einen Graben wurde die Neigung zu gewagtem Schwingen auf der Gartenschaukel, so daß denn doch das eigensinnige Landedelfräulein in eine zeittypische höhere Tochter umgemodelt scheint. Die deutlich bekundete Abneigung Elisabeth von Plothos gegen den nur fünf Jahre älteren Ardenne, die erst durch die Stimmung des Deutsch-Französischen Krieges und Ardennes Verwundung zurückgedrängt wurde, modifizierte Fontane zu einer auf Neugier und gesellschaftlichem Ehrgeiz beruhenden Hinnahme der Verlobung mit dem wesentlich älteren Manne, der schon die Mutter umworben hatte. Effi hat zwar Charme und einen gewissen Geltungsdrang, aber zu der beherrschenden und anregenden Rolle, wie sie Elisabeth von Ardenne in Schloß Benrath und dem Düsseldorfer Künstlerkreis nach dem huldigenden Bericht des Malers Wilhelm Beckmann spielte, wäre Fontanes Heldin ebensowenig fähig gewesen wie zu Elisabeths großer, in ernsthaften Scheidungsplänen gipfelnder Leidenschaft zu einem der Angehörigen dieses Kreises. Bei Fontane und seiner im Grunde leidenschaftslosen Effi wurde aus dem lebensentscheidenden Liebeserlebnis ein Schritt vom Wege aus Langeweile, der nun auch nicht im aktuellen Stadium, sondern Jahre später an einem von ihr fast schon Vergessenen gerächt wird. Die schmerzvollen Jahre nach Duell und Scheidung, die Effi kontaktlos in einer Berliner Kleinwohnung und dann – verlöschend – auf dem elterlichen Gut verbringt, vermochte ihr Urbild durchzustehen, indem es sich zur Oberin ausbilden ließ und sich der Krankenpflege widmete. Fontane wußte das, und die Bemerkung, mit der er einen Bericht darüber schließt – „Vielleicht läge sie lieber auf dem Rondell in Hohen-Cremmen" –, gewährt einen tiefen Einblick in die Beweggründe für seine Änderungen. Er hielt das melancholische Ende auf dem Rondell von Hohen-Cremmen doch wohl für den sittlich besseren Schicksalsausgang eines Frauentyps, in den er sich andererseits nach eigenem Bekenntnis „verliebte" – „um ihrer Menschlichkeiten, d. h. um ihrer Schwächen und Sünden willen". Eine Frau, die ihr Schicksal selbst in die Hand nimmt, Schuld überwindet und überlebt – Elisabeth von Ardenne wurde 99 Jahre alt und blieb bis ins hohe Alter körperlich und geistig rüstig –, konnte Fontane sich allenfalls auf der menschlichen und sozialen Stufe von Mathilde Möhring vorstellen. Da vom Rohstoff her im Grunde keine soziale Brisanz gegeben war, die den Autor herausfordern mußte, kann gefragt werden, wie weit das, was er aus ihm machte, soziale Anklage sein wollte, ob er wirklich in Effis Schicksal das einer zur Ware Degradierten, einer Form von Prostitution Anheimgefallenen sah, wie es einem Heutigen sich darstellen mag. Es ist nicht so sicher, ob die Korrekturen, die er an dem ihm zugetragenen Stoff vornahm, nicht doch hervorgegangen sind aus der Befangenheit in einem Frauenbild und einer konservativen Eheauffassung, die Effis Ende bei aller Tragik als angemessen erscheinen ließen.

Die Skandalaffäre um Elisabeth von Ardenne ist übrigens nahezu gleichzeitig auch von *Spielhagen* in einem Roman behandelt worden, eine „Stoffgeschichte" hat sich jedoch bisher nicht angeknüpft, es sei denn, man wolle in der viermaligen Verfilmung des Fontaneschen Meisterromans eine Fortentwicklung des Stoffes sehen. Daß nicht alle Stoffe wiederholt verwendbar zu sein scheinen und die Ursache ihrer Fähigkeit oder Unfähigkeit zur Wiederholbarkeit nicht eindeutig feststeht, ist schon angedeutet worden. Immerhin lassen sich ein paar Erfahrungen an Charakter und Geschichte einiger berühmter Stoffe ablesen.

Zunächst lassen sich zwei Arten von Stoffen unterscheiden, da ihre Fähigkeit zur Traditionsbildung und ihr Anreiz für einen Dichter, der sich mit einem dieser Stoffe konfrontiert sieht, auf verschiedenen Gründen zu beruhen scheint. Steht im Mittelpunkt eines Stoffes ein *Situationsmotiv*, so beruht der Anreiz dieses sog. *Situationsstoffes* offenbar in einer *Lücke, die in dem Stoff enthalten ist,* oder in einem *Punkt, der zum Widerspruch reizt.* Jahrhunderte haben an der in den Evangelien offengebliebenen Frage herumgerätselt, warum Judas Jesus verriet. Zwar wird berichtet, daß Judas für seinen Verrat 30 Silberlinge erhielt. Aber war wirklich, wie die Kirche und daher auch die mittelalterlichen Osterspiele daraus folgerten, Habsucht der treibende Beweggrund und der Selbstmord daher die Reuetat eines Geldgierigen? Die Neuzeit führte alle möglichen anderen Gründe an: enttäuschte Machtgier, enttäuschten Nationalismus, enttäuschten Sozialismus und ähnliches. Was trieb Hagen zum Mord an Siegfried? Eifersucht auf den größeren Helden, Gier nach dem Besitz des Hortes, Anhänglichkeit an das burgundische Haus sowie an Gunther, von dem es den Makel der Vaterschaft etwaiger Bastardkinder abzuwehren galt, lediglich Mitgefühl und vielleicht Beeindruckung durch Brünhild oder, mit *Richard Wagners* ganz neuer Kombination, elbische Herkunft, die zur Rache an den Göttern verpflichtete? Wer war Kaspar Hauser? Ein Thronprätendent, der unschädlich gemacht werden sollte, das Opfer eines Erbstreites, ein unterdrücktes Pfand der Liebe, ein Kretin, ein Betrüger? Forderte

Da ging hin der Zwölfe einer, mit Namen Judas Ischarioth, zu den Hohenpriestern

Und sprach: Was wollt ihr mir geben? Ich will ihn euch verraten. Und sie boten ihm dreißig Silberlinge.
Matthäus 26,14–15

Und Judas Ischarioth, einer von den Zwölfen, ging hin zu den Hohenpriestern, daß er ihn verriete.

Da sie das höreten, wurden sie froh und verhießen, ihm Geld zu geben. Und er suchete, wie er ihn füglich verriete.
Markus 14,10–11

Es war aber der Satanas gefahren in den Judas, genannt Ischarioth, der da war aus der Zahl der Zwölfe.

Und er ging hin und redete mit den Hohenpriestern und mit den Hauptleuten, wie er ihn wollte ihnen überantworten.

Und sie wurden froh und gelobten, ihm Geld zu geben.
Lukas 22,3–5

Und bei dem Abendessen, da schon der Teufel hatte dem Judas, Simons Sohn, dem Ischarioth, ins Herz gegeben, daß er ihn verriete…
Johannes 13,2

75

nicht die Versöhnung zwischen dem Thronfolger Albrecht und seinem Vater Ernst von Bayern, nachdem dieser die nicht standesgemäße Frau seines Sohnes hatte umbringen lassen, in jeder Bearbeitung des Agnes-Bernauer-Stoffes erneut zum Widerspruch und zu immer neuen Erklärungen oder auch Umgehungen des Faktums heraus? War es nicht unerträglich, daß, wie Euripides es darstellte, Medea ihre beiden Kinder tötete, nur um Rache an deren treulosem Vater zu nehmen? Über 2000 Jahre hindurch haben die Bearbeiter des Medea-Stoffes versucht, den Mord menschlich verständlich zu motivieren. Die Judith des Alten Testaments geht in kalter Berechnung in das Lager eines als grausam verschrienen feindlichen Feldherrn, bestrickt ihn, heuchelt Ergebenheit und tötet ihn dann, um ihre Heimat vom Untergang zu retten. War sie wirklich eine so glühende Patriotin? War sie wirklich eine von Gott Auserwählte und über menschliches Maß erhoben, war sie eine Frau, die den Feldherrn liebte und sich für seine Mißachtung rächte? War es ein Mord aus Eifersucht? War sie ein sexuell unersättliches Wesen, das den einen Mann wegen des nächsten, attraktiveren beseite schob, und sei es mit dem Schwert?

Bei einem Stoff, in dessen Mittelpunkt ein *Typenmotiv* steht, einem sog. *Personalstoff*, geht der Reiz zur Bearbeitung von bestimmten Charakterzügen und einer bestimmten Art des Handelns aus. Stoffe dieser Gruppe bestehen meist aus einer *Reihung von Varianten einer Grundsituation* und werden im allgemeinen nicht als Ganzes tradiert, sondern nur in ihren Episoden, zu denen dann neue, ähnliche hinzuerfunden werden. Als Beispiel hierfür sei die Gestalt des Herakles genannt, dessen Leben in einer Reihe von Prüfungen besteht, aus denen er als Überwinder sowohl der Gefahr als auch seiner selbst hervorgeht. Als Helfer und Befreier erscheint nun Herakles außerhalb des Herakles-Mythos auch in anderen Mythen der Antike: Er holt Alkeste aus der Unterwelt und kämpft dabei mit Thanatos, und er befreit den fürwitzigen Theseus aus der Gewalt des Unterweltherrschers. Die letzten Qualen des Helden im Nessoshemd faßten sein Gesamtschicksal symbolisch zusammen und ließen es in endgültiger Überwindung ausklingen. So konnte die lange nach diesen Mythenbildungen entstandene Erzählung des Sophisten *Prodikos aus Keos* die ethische Seite des Mythos formulieren und schon den jugendlichen Helden am Scheidewege die Bahn der Tugend wählen lassen. Strukturverwandt mit diesem so alten mythischen Stoff ist der neuere, der sich um den Preußenkönig Friedrich den Großen bildete. Die im Volksmund entwickelten Anekdoten von dem durch treffenden Witz Freund und

Feind verblüffenden und mattsetzenden Feldherrn, dem mit seinen Untertanen oft grausam spielenden, aber Aufrichtige, Mutige und Einsichtige auch belohnenden Regenten sind so tief in viele literarische Behandlungen seiner Person eingesenkt, daß sich sein Bild kaleidoskopartig aus Anekdotischem zusammenzusetzen scheint. Wie in der Bildkunst bei Daniel Chodowiecki und Adolph von Menzel die Einzelszene vorherrscht, so gibt es in der Literatur Behandlungen der Pasquill-Anekdote, der Müller-Arnold-Anekdote, der Anekdote vom Müller von Sanssouci und der zahlreichen Anekdoten von Insubordinationsvergehen von Untertanen. Nur der eigene Subordinationskonflikt des jungen Kronprinzen mit Friedrichs Fluchtversuch, der als psychologische Folie zu Anekdoten über Friedrichs spätere Beurteilung von Insubordination angesehen werden könnte, hat durch die Kombination von Vater-Sohn-Konflikt, Fahnenfluchtmotiv und Freundschaftsprobemotiv eine gesonderte Stofftradition ergeben.

Beispiele für Stoffentwicklung

Wie man vom Einzelmotiv her die organische Entstehung von Motivkomplexen und Stoffen verfolgen kann, kann man auch einen fertigen Stoff wieder zerlegen, um seine jeweiligen Keime, die Stoffelemente, die sich ankristallisierten, und die erfolgten Motivkombinationen festzustellen.

Troilus und Cressida

Shakespeares Drama „Troilus und Cressida" (um 1602) bietet die Geschichte der unseligen Liebe des gläubig-verehrenden Troilus zu der treulosen, berechnenden Cressida dar. Cressida ist die Tochter des Sehers Kalchas, der in das Griechenlager überwechselte, also auch treulos war, und seine Tochter in Troja zurückließ. Sie steht unter der Obhut ihres Onkels Pandarus und verliebt sich in Troilus, einen Sohn des Priamus, hält sich aber vor der Werbung des Troilus zurück, weil sie weiß, daß sie dadurch ihre Anziehungskraft steigert. Der kupplerische Pandarus erreicht schließlich, daß sie dem Drängen des Troilus nachgibt. Die Forderung des Kalchas, daß seine Tochter gegen den von den Griechen gefangenen Prinzen Atenor ausgetauscht werden und zu ihm ins griechische Lager kommen soll, zerstört die Liebesidylle, aber die Liebenden schwören sich unverbrüchliche Treue. Cressida ist kaum im griechischen Lager angekommen, als sie den raffinierten Anträgen des Diomedes mindestens ebenso raffiniert

Shakespeare: Troilus und Cressida, V. Akt, 4.Szene Thersites:

Nun hämmern sie aufeinander los, und ich will mir's ansehn. – Der heuchlerische, boshafte Bube Diomed hat jenes lumpigen, verliebten, dummen, trojanischen jungen Gelbschnabels Ärmelkrause an seinen Helm gesteckt: ich wollte, sie gerieten aneinander, und daß unser junger Esel aus Troja, der die Metze dort liebt, den schurkischen griechischen Dirnenjäger mit seiner Krause zu der heuchlerischen, liederlichen Hure zurückschickte und ihn einmal recht kraus auszackte... Wehr' dich für deine Metze, Grieche! Ficht für deine Metze, Trojaner! Nun gilt's die Krause! Nun gilt's die Krause!

77

entgegenkommt und ihm das von Troilus erhaltene Treuepfand, eine Ärmelkrause, überläßt. Troilus, der sich als Unterhändler im griechischen Lager aufhält, kann die Liebesszene belauschen, ist fassungslos und sträubt sich gegen die Erkenntnis der Wahrheit. Am nächsten Tage stürzt er sich in die Schlacht, um Diomedes die Ärmelkrause wieder abzujagen, verliert jedoch an ihn sein Pferd, und man muß annehmen, daß er nach Hektors Tod durch Achill diesem gleichfalls zum Opfer fällt.

Als Quelle dieser troischen Geschichte wird selbstverständlich *Homer* vermutet werden, aber die „Ilias" erwähnt Troilus nur mit einer einzigen Halbzeile in der Klage des Priamos um den Tod seiner Söhne. An troischen Frauen im Lager der Griechen erwähnt die „Ilias" nur Chryseïs, Tochter des Apollonpriesters Chryses und Lieblingssklavin Agamemnons, die der Feldherr jedoch, durch die von Apollon gesandte Pest gezwungen, dem Vater zurückgeben muß, sowie Briseïs, Sklavin des Achill, die Agamemnon dem Helden wegnimmt, um sich an ihr für den Verlust der Chryseïs schadlos zu halten. Dennoch liegt in der homerischen Halbzeile über den Tod des Troilus das keimträchtige Rätsel über die Person des Verstorbenen, die schon die spätantike Überlieferung näher zu identifizieren suchte. In den Mythologien erscheint Troilus als ein Halbwüchsiger, den Achilles beim Tränken der Pferde überrascht und tötet. Troilus und Briseïs, die beiden nur schemenhaft sichtbar werdenden Gestalten der „Ilias", verband *Benoît de Sainte-More* in seinem „Roman de Troie" (12. Jh.) durch eine Liebesbeziehung. Er schuf eine trojanische Parallelhandlung zu der Liebe zwischen Agamemnon und Chryseïs, und da es auf der trojanischen Seite keine weibliche griechische Kriegsgefangene geben konnte, die auszuliefern war, machte er Briseïs zur Tochter des in einen Trojaner und Überläufer zu den Griechen verwandelten Kalchas. Seine Briseïda ist noch nicht der Typ der Ungetreuen, sondern hält den Griechen eine Zeitlang klug hin, erliegt dann seinem Werben und bekennt sich trotz des Bewußtseins ihrer Schande zu dem neuen Liebhaber, während Troilus, nachdem er von ihrer Untreue erfahren hat, es ablehnt, um sie zu kämpfen, da er Diomedes ihren Besitz nicht neidet. Er wird von Achill heimtückisch im Kampf getötet. Der so entstandene Plot wurde besonders durch die gelehrte „Historia destructionis Troiae" des *Guido da Colonna* (1287) verbreitet, der bereits eine von vornherein Treulose zeichnete. Er führte den Austausch gegen Antenor sowie die Verhandlungen unter Hektors Führung im griechischen Lager ein, die bis zu *Shakespeare* erhalten blieben. Eine weitere Be-

Priamos:
Ich unglücklicher Mann! Die tapfersten
Söhn' erzeugt ich
Weit in Troja umher, und nun ist keiner
mir übrig!
Mestor, den göttlichen Held, und Troilus, froh des Gespannes,
Hektor auch, der ein Gott bei Sterblichen war und, an Tugend
Nicht des sterblichen Manns, wie ein
Sohn der Götter einherging!
Diese raffte mir der Krieg ....
Homer, Ilias 24
(Deutsche Übersetzung: Johann
Heinrich Voß)

reicherung erfuhr der Stoff durch *Boccaccios* Versepos „Filostrato" (Mitte 14. Jh.), in dem Troilus die Züge des schmachtenden Liebhabers annahm, die er bei Shakespeare hat, sich durch seine Geschwister nicht von dem Unwert der Geliebten überzeugen läßt, sich, als er den Beweis ihrer Untreue hat, tollkühn in die Schlacht stürzt und von Achill getötet wird. Boccaccio nannte die Heldin nach Agamemnons Sklavin Griseïda und erfand vor allem den treu an Troilus hängenden Pandarus als Mittler. Auf Boccaccio beruht *Chaucers* „Book of Troilus and Chriseyde" (um 1385), das den Minneroman des Troilus in allen Stadien darstellte: die plötzliche Verliebtheit des Frauenverächters, langwieriges Werben, vergebliches Warten auf die versprochene Rückkehr der Geliebten, vergebliches Bemühen, sie durch einen Brief wieder zurückzuholen oder den Nebenbuhler im Kampf zu beseitigen, und den Tod durch Achill. *Raoul Le Febvres* „Recueil des hystoires troyennes" (1464) wurde durch die Übersetzung *William Caxtons* (1593) eine der Quellen Shakespeares. Er brachte eine breite Schilderung der heimtückischen Tötung des Troilus durch Achill und dessen Gefolgsleute, die Myrmidonen. Shakespeare, dessen Drama ein vorher von *Thomas Dekker* und *Henry Chettle* (1599) verfaßtes verdrängte, bettete sein Werk entgegen der von Boccaccio und Chaucer vollzogenen novellistischen Stoffisolierung wieder in das Gesamtgeschehen des Trojanischen Krieges ein, in dem Helden und Völker für unwürdige Frauen bluten. Entsprechend dem in der mittelalterlichen Tradition sichtbaren Schwerpunkt machte er den waffenlosen Hektor und nicht Troilus zum Opfer von Achills Schurkenstreich. Von späteren Bearbeitungen seines Dramas abgesehen, ist Shakespeares Dichtung das letzte Werk, das noch von den mittelalterlichen Troja-Romanen gespeist wurde, obwohl Shakespeare schon *George Chapmans* Probe der „Ilias"-Übersetzung gekannt haben mag; die Kenntnis des echten *Homer* setzt solchen frei erfabelten Troja-Stoffen ein Ende.

Talestris

War es im Falle des Troilus-Stoffes die *Lücke, das Rätsel,* das die *Stoffsprossung* anregte, so war es bei einem anderen antiken Stoff, der Talestris-Sage, der *Widerspruch gegen die von dem ersten Erzähler gegebene Darstellung,* der zur Entfaltung führte. Hier lag von Anfang an ein vollständiger Plot vor, der sich in *Diodors* „Bibliotheke" findet. Als Alexander der Große die Perser durch Kleinasien verfolgte, zog ihm die Amazonenkönigin Talestris, deren Reich an beiden Ufern des

Thermodon lag, mit einer Truppenmacht entgegen. Sie ließ jedoch den Hauptteil ihres Heeres an der Grenze von Hyrcania, wo Alexander sich befand, zurück und ritt mit 300 Begleiterinnen zu dem makedonischen König, um, wie sie ihm erklärte, durch ihn Mutter zu werden; da Alexander sich als der größte der Männer erwiesen habe und sie selbst allen Frauen an Mut und Kraft überlegen sei, werde ihrer beider Kind alle Sterblichen überragen. Alexander lebte zwei Wochen mit der Königin zusammen, dann schickte er sie mit kostbaren Geschenken in ihre Heimat zurück.

Über weitere Geschicke der Amazonenkönigin berichtet weder Diodor noch *Quintus Curtius Rufus*, dessen um die Mitte des ersten nachchristlichen Jahrhunderts entstandene „Historia Alexandri Magni Macedonis" zusätzlich angibt, Talestris habe Alexander, der sie gern als Verbündete gewonnen hätte und auf ihr Verlangen eher aus Höflichkeit als aus Neigung einging, den Vorschlag gemacht, sie wolle das erhoffte Kind, wenn es ein Mädchen sei, bei sich behalten, einen Knaben aber ihm übersenden. Schon das Altertum, z. B. *Plutarch*, behauptete, daß es sich bei dem Talestris-Abenteuer Alexanders nicht um ein historisches Ereignis, sondern um eine Erfindung handeln müsse. Und zwar scheint man nicht so sehr an der Amazone als solcher wie an dem Liebesantrag der Königin, ihrem unverhüllt vorgetragenen Begehren nach einem Kind und Alexanders Einwilligung Anstoß genommen zu haben. Der fälschlich Alexanders Kampfgefährten *Kallisthenes* zugeschriebene „Alexanderroman" des dritten nachchristlichen Jahrhunderts, der für mehr als ein Jahrtausend das Alexanderbild in Orient und Okzident bestimmte, änderte daher diese Episode entscheidend ab. Er eliminierte die Gestalt der Königin vollständig und rückte Alexanders Begegnung mit den Amazonen mehr in den Bereich diplomatischer Unterhandlungen. Alexander schickt hier den vornehmsten Amazonen ein Schreiben, in dem er sie zu friedlicher Unterwerfung, Tributzahlung und Stellung einer weiblichen Hilfstruppe auffordert. In dem sich anschließenden Briefwechsel, bei dem die Amazonen ihm ihre Staatsverfassung und ihre Bräuche erklären und ihn unter Hinweis auf ihre Kriegsstärke von einem Eroberungszug abzuhalten suchen, setzt Alexander seine Forderungen durch. Soweit die abendländische mittelalterliche Tradition des Alexander-Stoffes also auf diesem Roman des *Pseudo-Kallisthenes* sowie auf dessen lateinischen Bearbeitern beruht, kennt sie die heikle Talestris-Episode nicht. Zwar führte des *Archipresbyters Leo* „Historia de preliis" (10. Jh.) statt der vornehmsten Amazonen wieder die Königin als Führerin ihres Volkes ein,

Plutarch über Alexander den Großen in „Parallele Lebensbilder":

... Dort soll die Amazone zu ihm gekommen sein. So erzählen die meisten, zu denen Kleitarchos gehört, Polykleitos, Onesikritos, Antigenes und Istros. Aristobulos hingegen, Chares, der Flügeladjutant, außerdem Hekataios von Eritrea, Ptolemaios, Antikleides, Philon von Theben, Philippos von Theangela, Philippos von Chalkis und Duris von Samos erklären, daß das eine Erfindung sei, und Alexander selbst, so scheint es, zeugt für sie, denn in einem Briefe an Antipatros, in dem er alles genau berichtet, sagt er, daß ihm der Skythe seine Tochter zur Ehe anbot, und sagt kein Wort von einer Amazone. Lange Zeit später, so erzählt man auch, habe Onesikritos dem Lysimachos, als er schon König war, das vierte Buch seines Geschichtswerkes vorgelesen, in dem auch das von der Amazone steht. Da habe Lysimachos nur leise gelächelt und gesagt: „Und wo war ich da?"

80

sie enthielt aber nichts von einer erotischen Beziehung zwischen ihr und Alexander. Diejenigen mittelalterlichen Autoren jedoch, die sich auf den Bericht des Quintus Curtius Rufus stützten, sahen sich mit der ihr Begehren so unverhüllt vortragenden Talestris konfrontiert, und sie gingen den für ritterliches Denken einzig möglichen Weg, dieses Begehren nicht mit staatspolitischen Zwecken, sondern mit einer Liebesleidenschaft der Königin zu motivieren. Dies gilt für *Walthers von Châtillon* um 1180 entstandenes lateinisches Epos genauso wie für die deutschen höfischen Epiker Rudolf von Ems und Ulrich von Etzenbach. In dem um 1345 entstandenen „Alexander" des *Rudolf von Ems* läßt Talestris durch Boten bei Alexander anfragen, ob sie ihm willkommen sei. Sie kommt mit 300 Amazonen, deren Stärke und Schönheit hervorgehoben werden. Ritter und Amazonen sitzen gesellig beieinander, und Alexander befragt Talestris über ihren Staat, dessen Geschichte, Organisation und Sitten sie schildert. Sie sagt ihm auch, daß die Amazonen lieber ihr Leben verlieren, als daß sie ihm lehenspflichtig werden würden, warnt ihn, sich mit ihnen kriegerisch zu messen, und rät ihm, sich mit dem zu begnügen, was sie ihm freiwillig zugestehen würden. Dann bekennt sie, daß sie ihm ihr Land und ihr Leben geben und einen Erben von ihm haben wolle. Sie beteuert bei ihren Göttern, daß sie darum in allen Ehren und „*âne unwîpliche gir*" bitte. Alexander weigert sich zunächst, da ein solcher Schritt entweder sie oder seine Ehefrau unglücklich machen werde. Dann gibt er ihr dreizehn Tage Bedenkzeit, nach deren Ablauf sie erneut vor ihm erscheint und nun auch er von Liebe überwältigt ist. In gedrängterer, aber sehr reizvoller Form findet sich der höfisch stilisierte Minneroman der Talestris bei *Ulrich von Etzenbach* (1270), der sich auf Walther von Châtillon als Quelle beruft. Die Königin erscheint mit 200 Jungfrauen vor Alexander, in den sie sich beim Betreten des Kriegslagers verliebt. Alexander kommt höflich in ihr Zelt und fragt sie, warum sie hier sei. „Herze, lîp und sinne habent mich her ze iu gejagt. Herre, ich sage iu mînen muot: liute, lîp unde guot sol ze iuwerm gebote sîn." Alexander nimmt dieses großzügige Angebot dankend an, und die Königin fährt präziser fort: „ich bitte iuch umbe minne." Er weigert sich mit ähnlichem Hinweis auf seine Ehe wie bei Rudolf von Ems. Sie aber sagt, er müsse ihre Liebe annehmen, da sie alle Werbungen ausgeschlagen habe und um seinetwillen alle Männer abweisen werde. Da gewährt ihr Alexander eine vor dem beiderseitigen Gefolge verheimlichte Liebesnacht. Am nächsten Tage verlassen die Amazonen mit Geschenken Alexanders Lager.

Die Alexanderdramen des 16. und frühen 17. Jh. zogen andere Liebesbindungen Alexanders der problematischen Begegnung mit Talestris vor. Aber seit der zweiten Hälfte des 17. Jh. änderte sich plötzlich das Bild, und Talestris taucht mehrfach in Titeln auf. Ihre neue Beliebtheit verdankt sie dem zehnbändigen Erfolgsroman „Cassandre" (1642/45) des *Sieur de La Calprenède*. Dieser Autor fand einen Weg, Talestris gewissermaßen salonfähig zu machen und den seit Jahrhunderten anstößigen Liebesantrag in den Bereich böswilliger Gerüchte zu verweisen. Der eigentliche Inhalt des Romans ist die Vereinigung einer Anzahl von Fürsten und Helden zur Befreiung von Alexanders Witwe Statira, die sich nach Alexanders Tod unter dem Namen Cassandre verbarg, aber von ihrer Nebenbuhlerin Roxane gefangengenommen wurde. Zu dem Befreiungsheer stößt auch Talestris. Die Erzählung ihres Lebens läßt die Begegnung mit Alexander in einem völlig neuen Licht erscheinen. In ihrer frühen Jugend nämlich hatte sich der Massagetenprinz Orontes in Talestris verliebt, sich in Frauenkleidung in ihr Heer eingeschlichen und dann als ältere Freundin und Beschützerin der Königin fungiert. Eines Tages hatte er sich ihr dann entdeckt und ihr seine Liebe gestanden, sie aber hatte ihn, dem Amazonengesetz gemäß, abgewiesen und ihm nur die Möglichkeit zur Flucht gegeben, da sein Leben verwirkt war. Einige Zeit darauf fand Orontes Gelegenheit, Talestris aus der Gefangenschaft zu befreien, und von da an duldete und erwiderte sie die Liebe des unerkannt unter den Amazonen lebenden Prinzen. Während er eine Grenze des Staates gegen einen Nachbarn verteidigte, tauchte an der anderen Grenze Alexander auf, und Talestris begab sich eilends ins griechische Lager, um Alexander von einem Eroberungszug abzuhalten. Ihre Kriegerinnen, die eine Thronerbin wünschten, drangen auf eine Liebesbeziehung zu Alexander, die Talestris natürlich ablehnte. Falsche Gerüchte über eine solche Beziehung gelangten jedoch zu Orontes, der daraufhin ohne Abschied Talestris und den Amazonenstaat verließ. Verzweifelt und voller Racheabsichten irrte Talestris durch die Lande. Im Lager der Verbündeten, wo La Calprenède Talestris diese Geschichte erzählen läßt, führt er Talestris wieder mit Orontes zusammen. Sie entsagt dem Thron, um Orontes zu heiraten, und legt ihrem Volk nahe, die beschämenden Bräuche der Vorfahren aufzugeben. Da die Kriegerinnen diesem Vorschlag zustimmen, nimmt das Amazonenreich ein Ende.

Dieses gänzlich veränderte Schicksal der Talestris war bereits 1690 Stoff der von *Christian Heinrich Postel* verfaßten und von *Johann Philipp Förtsch* vertonten Hamburger Oper „Die großmächtige Talestris oder letzte Königin der Amazonen", die den König Alexander völlig ausklammerte. Ganz auf die Liebesgeschichte Talestris–Orontes zugeschnitten war auch die 1717 in Bayreuth aufgeführte Oper „Thalestris". Einen anderen Ausschnitt aus dem Stoff, der mit der Gefangenschaft des als Mann identifizierten Orontes einsetzt, vermittelte 1765 *Maria Antonia Walpurgis Herzogin von Sachsen* in einem Dramma per musica „Talestri Regina delle Amazzoni", das *Gottsched* noch kurz vor seinem Tod in ein deutsches Trauerspiel verwandelte (1766). Talestris und das Amazonenmotiv haben anscheinend eine so faszinierende Wirkung ausgeübt, daß eine anonyme französische Schriftstellerin in einem Roman „La nouvelle Talestris" (1700) die Nachahmung der Amazonen durch junge Mädchen an einem zur Abschreckung dargelegten Beispiel kritisieren konnte. Der deutsche Barockschriftsteller *Heinrich Anselm von Zigler und Kliphausen* entwickelte den von La Calprenède erfundenen Motivkomplex in einem Opernlibretto „Die lybische Talestris" (1696) weiter. Die schon in der Spätantike erfolgte Verlegung des sagenhaften Amazonenstaates von Asien nach Libyen benutzte Ziegler dazu, in Libyen eine an La Calprenède erinnernde Handlung anzusiedeln und eine kriegerische, männerfeindliche Frau zu erfinden, die den Liebhaber abweist und sogar zu töten versucht, in der Stunde der Gefahr ihn aber schließlich erhört. Zieglers Geschichte wurde von einem anonymen Autor auch als Roman wiedererzählt (1715). Außerdem belebte La Calprenèdes Werk indirekt auch die Talestris-Episode aus Diodor. Der Italiener *Aurelio Aureli* schrieb zusammen mit *Giuseppe Calvi* ein Libretto „Talestris innamorata d'Alessandro" (1693, Musik von *Bernardo Sabadino*), so daß also um das Jahr 1700 zwei sich völlig entgegenstehende Talestris-Stoffe bestanden.

„Die Lybische Talestris" von Heinrich Anselm von Zigler und Kliphausen; Titelblatt des Textbuchs für eine zweite Aufführung in Weißenfels 1698.

Don Juan

Wieder ganz anders vollzog sich die Entwicklung eines neueren Stoffes der Weltliteratur, dessen berühmteste Fassung in *Lorenzo da Pontes* „Don Giovanni" (1767, Musik von *Wolfgang Amadeus Mozart*) vorliegt. Die Handlung setzt ein mit der – wohl nur halb gelungenen – Verführung Donna Annas, deren Vater, der Komtur, bei der Verteidigung der Ehre seiner Tochter fällt. Als Don Juans zweites Opfer tritt die verlassene und dem Verführer nachreisende Donna Elvira auf, die sich dann in ihren Racheplänen mit Donna Anna und deren Verlobten Ottavio zusammentut. Ein nächstes Ziel des Verführers wird das Bauernmädchen Zerlina, die Don Juan

83

ihrem Bräutigam an ihrem Hochzeitstag abspenstig zu machen versteht, deren Verführung ihm aber durch ihr Hilferufen nicht gelingt. Nun wendet Don Juan seine Verführungskunst Donna Elviras Zofe zu, der er in Leporellos Kleidung ein Ständchen bringt, während dieser in seines Herrn Kleidung Donna Elvira ablenkt. Don Juan muß sich jedoch vor den Knüppeln der Bauern in Sicherheit bringen und findet sich mit Leporello auf dem Friedhof wieder zusammen, auf dem er das Grabdenkmal des Komturs zu Gast lädt, das tatsächlich am nächsten Abend in sein Schloß kommt und den übermütigen Verächter der Moral, der noch eben die Warnungen Donna Elviras hochmütig zurückgewiesen hat, der Hölle überliefert. Der Bogen der ernsten Donna-Anna-Komtur-Handlung umspannt eine Reihe komödiantisch-heiterer Verführungsepisoden, bei denen Leporello als Mittler zwischen den einzelnen Sphären fungiert, und deutet von Beginn an auf Bestrafung und Untergang des Verführers hin.

Was hier als ein nahtlos gefügtes Spiel um Vergehen und Strafe erscheint, bestand jedoch am Beginn der Stoffentwicklung, soweit die Forschung das feststellen kann, *aus zwei keineswegs zusammengehörigen, nach Inhalt und Aufbau sogar heterogenen Fabeln,* nämlich erstens den Liebesabenteuern eines historischen oder frei erfundenen jungen Draufgängers und zweitens der Bestrafung eines Übermütigen durch ein Standbild, das er herausgefordert hatte. Das letztere Motiv wurde in spanischen Romanzen und auch in einem Ingolstädter Jesuitendrama von 1635 verarbeitet. Einer der beiden Handlungsteile also ist eine zu beliebiger Verlängerung verlockende Abenteuerreihe, der andere eine streng gebaute Fabel, in der die Bestrafung des Übermutes rasch erfolgt. Bei *Tirso de Molina,* dessen „Burlador de Sevilla y convidado de piedra" (1613) man bislang als die geniale Zusammenschweißung der beiden Handlungskomplexe ansehen muß, sind die beiden Teile noch nicht so fest gefügt wie bei Lorenzo da Ponte. Das gespenstische Ende mit dem doppelten Gastmahl – zuerst lädt Don Juan das Standbild zu sich ein, dann dieses wiederum Don Juan zu sich in die Kirche – hat fast zuviel Gewicht, zumal die Verankerung der Komtur-Handlung nicht am Beginn des Stückes liegt, sondern erst im zweiten Akt. Das Liebesabenteuer mit Donna Anna ist erst das dritte Abenteuer, in das Don Juan verstrickt erscheint. Voran geht die Verführung Isabellas (der späteren Donna Elvira) in Neapel, ihr folgt die nach der ersten Nacht abgebrochene Ehe mit der zarten Fischerin Tisbea, und erst dann ereignet sich die versuchte Verführung der Donna Anna in Sevilla, bei der Don Juan sich in der Maske seines Freundes, ihres Liebhabers, einschleicht. Schließlich gewinnt der aus Sevilla Verbannte auf einer Bauernhochzeit noch die Gunst der Braut, ehe er bei seiner waghalsigen Rückkehr nach Sevilla das Standbild Don Gonzalos zum Essen einlädt. Die Rolle der Donna Anna war bei Tirso so wenig ausgeführt und so sehr von der ihres Vaters überragt, daß *Molière* sie in seinem „Don Juan ou le Festin de Pierre" (1665) ganz streichen konnte. Da Molière die Tötung des Komturs als bereits vor dem ganzen Stück geschehen annimmt, taucht die Komtur-Handlung überhaupt nur am Schluß bei dem zweifachen Gastmahl auf und wirkt so wie ein unmotivierter Theatereffekt. Was Tirso geschickt verschmolzen hatte, drohte hier wieder auseinanderzufallen. Molière ging es um die Psychologie des Verführertyps, den jede Schönheit, der er begegnet, zu neuem Abenteuer verlockt. Don Juans Vitalität ist zugunsten seiner libertinistischen Reflexionen aufgegeben. Molières beste Erfindung ist die hoheitsvolle Elvira, die Don Juan aus einem Kloster entführt und geheiratet, aber dann verlassen hat. Don Juans Verführungskünste werden nur an zwei Bauernmädchen gezeigt, bei denen er aber nicht zum Ziel gelangt. Gerade wenn man von Molière herkommt, erkennt man, wie glücklich da Ponte mit der Wiedereinführung, Vorverlegung und Betonung der Donna-Anna-Handlung sowie mit der Beibehaltung der Elvira das motivische Gleichgewicht wiederherstellte.

Das 19. Jh. entwickelte, zum Teil von *E. T. A. Hoffmanns* Interpretation in der Novelle „Don Juan" (1813) angeregt, einen faustischen Idealsucher Don Juan, der von Donna Anna heimlich geliebt wird, nicht zur Hölle verdammt werden kann und bei dem die warnende und strafende Funktion des Standbildes ihre Bedeutung verliert. *Aleksandr Puškin* verlegte z. B. in „Der steinerne Gast" (1830) die Erfüllung der Sehnsucht in den Augenblick des Todes: Don Juan stirbt mit Donna Annas Namen auf den Lippen; um die Kluft zwischen den beiden Liebenden zu verringern, ist bei Puschkin Don Gonzalo nicht Annas Vater, sondern ihr auf Befehl der Mutter geheirateter Ehemann. Möglichkeit zur Eliminierung der Komtur-Handlung bot die von *Prosper Mérimée* in „Les âmes du purgatoire" (1834) vollzogene Verschmelzung des Don-Juan-Stoffes mit einem anderen sagenhaften spanischen Liebeshelden, Miguel Mañara, dessen Vornamen Mérimée in Juan änderte und der nach einer wüsten Jugend Ruhe in der Ehe mit einer geliebten Frau findet, durch deren Tod er dann noch zu einem bußfertigen Leben geführt wird. Schon Mérimée machte aus dieser den Helden verwandelnden Frau eine Nonne, die von Juan verführt und deren Vater von ihm getötet wurde. In der bedeutendsten Dichtung, die aus

E.T.A. Hoffmann: Don Juan

…Donna Anna war einem zu leidenschaftlich gewesen. Man müsse, meinte er, auf dem Theater sich hübsch mäßigen und das zu sehr Angreifende vermeiden. Die Erzählung des Überfalls habe ihn ordentlich konsterniert. Hier nahm er eine Prise Tabak und schaute ganz unbeschreiblich dummklug seinen Nachbar an, welcher behauptete, die Italienerin sei aber übrigens eine recht schöne Frau, nur zu wenig besorgt um Kleidung und Putz; eben in jener Szene sei ihr eine Haarlocke aufgegangen und habe das Demiprofil des Gesichts beschattet! Jetzt fing ein anderer ganz leise zu intonieren an: „Fin ch'han dal vino" – worauf eine Dame bemerkte, am wenigsten sei sie mit dem Don Juan zufrieden: der Italiener sei viel zu finster, viel zu ernst gewesen und habe überhaupt den frivolen, lustigen Charakter nicht leicht genug genommen. – Die letzte Explosion wurde sehr gerühmt. – Des Gewäsches satt, eilte ich in mein Zimmer.

dieser Stoffverschmelzung hervorging, *José Zorrilla y Morals* Drama „Don Juan Tenorio" (1844), wurden die Liebe zu dem Mädchen Ines, das Nonne werden soll und von ihrem Vater daher Don Juan verweigert wird, sowie die Tötung des Vaters der Ansatzpunkt zu einer Reue, die Don Juan von der Geliebten selbst angeraten und durch die Erscheinung des steinernen Gastes, die Zorrilla wieder einführte, vollends ausgelöst wird. In der modernen Literatur findet sich weniger ein verdammter, erlöster oder büßender Don Juan, sondern mehrfach ein desillusionierter oder ein nur vermeintlicher Verführer, der sich in Wirklichkeit für Geometrie interessiert (*Max Frisch:* „Don Juan oder die Liebe zur Geometrie", 1953) oder der dankbar für den Todesstreich ist, der ihn der Sklaverei der Liebe entreißt (*Claude-André Puget:* „Échec à Don Juan", 1941).

Aktualität als Belebung von Motiven und Stoffen

Die Entwicklung von Motiven und Stoffen macht auch deren Frequenz zu bestimmten Zeitpunkten deutlich. Die stärkste Verbreitung des Motivs von der verleumdeten Gattin liegt im späten Mittelalter und in der frühen Neuzeit, die des Troilus-Stoffes in der Renaissance, die des Talestris-Stoffes in der zweiten Hälfte des 17. Jh., und der Don-Juan-Stoff wurde in der Volksliteratur am häufigsten im 18. Jh., zwischen Molière und da Ponte, in der Kunstliteratur vor allem im 19. Jh. bearbeitet. Übernationale politische und gesellschaftliche Ereignisse, wissenschaftliche und technische Entdeckungen, weltanschauliche Strömungen und einschneidende Erfahrungen, schließlich auch Anstöße durch besonders erfolgreiche Dichtungen können zu einer Ballung von Bearbeitungen gewisser Stoffe und Motive in einem bestimmten Zeitraum führen. Auf diese Erscheinung des zeittypischen Motivs oder Stoffes ist schon anfangs hingewiesen worden. Sie prägt das Antlitz literarischer Generationen und kann ganze Arten und Gattungen von Literatur hervorrufen. Das Arkadienmotiv beherrschte in der Form der Schäferdichtung seit *Sannazaro* und bis zum 18. Jh. weite Bereiche von Lyrik, Epik und Drama. Die durch den anonymen spanischen Roman „Lazarillo de Tormes" (1554) etablierte Gestalt des Pícaro löste den pikarischen Roman aus, der mit seinen Ausläufern bis in die Anfänge des 18. Jh. lebendig blieb. Der Typ des edlen Räubers, den es in der Volksdichtung schon seit dem 16. Jh. gibt und der auch in der spanischen Literatur der Goldenen Epoche eine hervorragende Rolle spielte, nahm am Ausgang des 18. Jh., seit *Goethes* „Götz von Berlichingen" (1774) und *Schillers* „Die

Räuber" (1781), eine so beherrschende Stellung ein, daß er nicht nur zum Entstehen der als Räuberroman und Räuberdrama bekannten volkstümlichen Gattungen führte, sondern auch bedeutende Vertreter der Kunstliteratur, wie *Lord Byron* und *Sir Walter Scott, Franz Grillparzer* („Die Ahnfrau", 1817), *Victor Hugo* („Hernani", 1830) und *Aleksandr Puškin* („Die Hauptmannstochter", 1836), anregte. Das Auftauchen von Teufeln, Monstren, Tiermenschen und Untergangsmotiven in Werken, die einem „phantastischen Realismus" des 20. Jahrhunderts zugeschrieben werden können und einen inneren Zusammenhang erkennen lassen, sind als Elemente einer „Geschichtsschreibung der Epoche" betrachtet worden.

Besonders auffällig ist die *Prävalenz von Motiven* in der Lyrik einzelner Epochen, wenn sie von Gruppen oder Kreisen getragen wird, die einem bestimmten Ideal huldigen und daher auch einen bestimmten Motivschatz ausbeuten und variieren. So gibt es unter den mittelalterlichen Lyrikern Vertreter der höfischen Dorfpoesie, die im Gegensatz zu dem entsagungsbetonten Minnesang erotischen Sinnengenuß sowie kulinarische Genüsse auf ihre Fahne schrieben, nicht die unerreichbare Dame, sondern das Landmädchen besangen und nicht selten einen Streit mit bäuerlichen Nebenbuhlern schilderten. Die Petrarkisten der frühen Neuzeit bezogen Ideen und Motive von *Petrarca*, die Anakreontiker von *Anakreon* und dessen Nachahmern. Nicht selten ist der zu wählende Motivkreis bereits in Programmschriften der betreffenden Gruppe angeführt, so für die Naturalisten in den Schriften der *Brüder Hart* und in denen von *Arno Holz*, für die Expressionisten bei *Kurt Pinthus, Lothar Schreyer*, in den programmatischen Aufsätzen der Zeitschrift „Der Sturm". Lyrikanthologien wie die „Modernen Dichtercharaktere" (1884) und „Menschheitsdämmerung" (1920) geben auch einen Querschnitt durch die von der Gruppe bevorzugten Motive.

So ist es nicht verwunderlich, daß infolge der Prävalenz von Motiven innerhalb einer Generation mehrere Autoren auch unabhängig voneinander auf den gleichen Stoff stoßen. Die Hintergründe für die ähnliche Bearbeitung des Kindsmordmotivs bei *Goethe* und *Heinrich Leopold Wagner* sind umstritten und wohl nicht mehr eindeutig zu klären; der von Goethe gegen Wagner erhobene Plagiatverdacht mag berechtigt sein, aber die Ähnlichkeit der Handlung im „Faust" und in „Die Kindermörderin" könnte auch ohne Wagners Wissen um Pläne Goethes zustande gekommen sein. Die Vorstellung eines Plagiats und seiner Sträflichkeit war früheren Zeiten, in denen die Originalität noch nicht die Rolle spielte wie zur Zeit

Der „tändelnde" Charakter anakreontischer Lyrik ist noch ablesbar an dem 1845 entstandenen Gedicht von

Eduard Mörike:
Mit einem Anakreonskopf
und einem Fläschchen Rosenöl

Als der Winter die Rosen geraubt, die
Anakreons Scheitel
Kränzten am fröhlichen Mahl, wo er die
Saiten gerührt,
Träufelt' ihr köstliches Öl in das Haar
ihm Aphrogeneia,
Und ein rosiger Hauch haftet an jeglichem Lied.
Doch nur wo ein *Liebender* singt die
Töne des Greisen,
Füllet Hallen und Saal wieder der herrliche Duft.

des jungen Goethe, fremd. Dennoch verdankte die rasche
Folge von Joseph-Romanen in der zweiten Hälfte des 17. Jh.
ihre Entstehung weniger der Tatsache, daß ein Dichter sich
von dem anderen angeregt fühlte und ihn „nachahmte", als
dem Faktum, daß der Joseph-Stoff einen bestimmten Reiz auf
die Autoren der Zeit ausübte. Das spezifisch galante Thema,
bei dem Keuschheit und Sinnlichkeit in Konflikt geraten,
breitete zuerst *Grimmelshausen* in „Des vortrefflichen keu-
schen Josephs erbauliche … Lebensbeschreibung" (1667) aus
und erzählte es von der Schenkung des Rockes bis zu Josephs
Wiedersehen mit dem Vater und dessen Tod. Dagegen unterbrach *Philipp von Zesen* in dem Roman „Assenat" (1670) den
Ablauf der Erzählung, setzte mit Josephs Einzug in Ägypten
ein und holte die Jugendgeschichte als eingeschobenen Bericht nach. Potiphars Frau Selicha ist bei Zesen eine dämoni-
sche Verführerin, vor der Joseph nur durch die Tugend seiner späteren Frau Assenat gerettet wird. *Christian Weise*
schränkte dann in seinem Drama „Der keusche Joseph"
(1690) mit Rücksicht auf die dramatische Verknappung der
Handlung den Stoff auf die Palastintrige ein, die Joseph zu
Fall bringt, dann aber um so herrlicher wieder aufstehen läßt.
Doch auch in *Joachim Meiers* Roman „Der durchlauchtigsten
Hebreerinnen … Assenath und Seera Heldengeschichte"
(1697) machte die Palastintrige den Hauptinhalt aus. Auch die
mit *Rilkes* Gedicht (1905) beginnenden zahlreichen Or-

Rainer Maria Rilke: Orpheus. Eurydike. Hermes (1905)
…

Sie aber ging an jenes Gottes Hand,
den Schritt beschränkt von langen Leichenbändern,
unsicher, sanft und ohne Ungeduld.
Sie war in sich wie eine hoher Hoffnung
und dachte nicht des Mannes, der voranging,
und nicht des Weges, der ins Leben aufstieg.
Sie war in sich. Und ihr Gestorbensein
erfüllte sie wie Fülle.

Wie eine Frucht von Süßigkeit und Dunkel,
so war sie voll von ihrem großen Tode,
der also neu war, daß sie nichts begriff.

Sie war schon Wurzel.
Und als plötzlich jäh
der Gott sie anhielt und mit Schmerz im Ausruf
die Worte sprach: Er hat sich umgewendet –,
begriff sie nichts und sagte leise: Wer?

…

pheus-Bearbeitungen der jüngsten Vergangenheit (*Jean
Anouilh*, 1941; *Jean Cocteau*, Film 1949; *Maria Modena*, 1951;
Vinícius Mello de Moraes 1956, danach Film von *Marcel Ca-
mus*, 1959) verdanken ihre Entstehung sicher nicht irgendeiner Nachahmungsabsicht der Autoren, sondern der von
Nietzsche ausgelösten Diskussion um den Gegensatz zwischen Apollinischem und Dionysischem sowie der Qualität
des Stoffes mit seiner Möglichkeit zur Öffnung der Grenzen
zwischen Diesseits und Jenseits.

Zeitbedingte Wandlungen von Stoffen

Stoffe und Motive machten auf ihrem Gang durch die Jahrhunderte innerorganisatorische Wandlungen durch. *Troilus* wandelte sich von einem stolzen Ritter zu einem von unseliger Liebe korrumpierten, schmachtenden Jüngling, Cressida von einem wankelmütigen, aber nicht schlechten Mädchen zu einer raffinierten, treulosen Kokette. Talestris war bei *Diodor* eine durch Unverblümtheit etwas bestürzende, aber von klaren politischen Überlegungen geleitete Königin. Sie wurde im Mittelalter eine von Minne überwältigte, halb naive, halb scheue Werbende und im Barock eine auf den Jugendgeliebten fixierte, von jeder Sittenlosigkeit weit entfernte spröde Herrscherin. Auch der Charakter Don Juans wandelte sich bereits zwischen *Tirso* und *Molière* sowie im weiteren Verlauf immer stärker. *Der Menschentyp paßt sich der jeweiligen Zeit an* und wird zum zeitgemäßen *Idealtyp*, aber auch zum *Gegentyp*. Die zahlreichen Tyrannenfiguren in der Literatur des 17. Jh. beweisen nicht, daß man in ihnen Ideale sah, sondern sie fürchtete. Mit den Zeiten wandelt sich nicht nur der Typus, sondern auch die Situation. Dies belegen die verschiedenen Varianten des Motivs von der verleumdeten Gattin, die grundlegende Veränderung der Personenkonstellation im Talestris-Stoff seit *La Calprenède*, die kleinen, aber wichtigen Veränderungen in der Gewichtsverteilung der Motive im Don-Juan-Stoff. Die Einwirkungen geistiger Strömungen lassen sich am Don-Juan-Stoff, Jungfrau-von-Orléans-Stoff, Orpheus-Stoff und Medea-Stoff ablesen. Andere Stoffe werden immer dann wieder aktuell, wenn eine Zeit den in dem Stoff oder Motiv ausgedrückten Grundkonflikt als sich verwandt empfindet. Das gilt für sozialkritische und religiöse Motive wie das Rebellmotiv und das Märtyrermotiv sowie für patriotische Stoffe wie den Arminius-Stoff, den Wilhelm-Tell-Stoff und den Skanderbeg-Stoff.

Mit der Ballung von bestimmten Motiven und Stoffen zu gewissen Zeiten korrespondieren *Eintrocknen oder Engpässe der Entwicklung* zu anderen Zeiten. Oft hat schon die nächste Generation das Interesse an einem Stoff verloren. Ein Eintrocknen liegt bei der Entwicklung des Faust-Stoffes zwischen den Volksbüchern des 16. Jh. sowie *Marlowes* Drama (1594) und *Lessings* Fragment von 1759, das einen Ansatz zu neuem Aufblühen darstellt. Der Stoff lebte zwar in der Volksliteratur des 17. Jh., jedoch kann man sich schwer vorstellen, daß ein deutscher Barockdichter ihn gewählt hätte. Dort, wo die mittelalterliche Vorstellung von Fall und Erlösung besonders lebendig war, wie im religiösen Drama Spani-

Aus **Lessings** im „17. Literaturbrief" mitgeteiltem, angeblich anonymem Entwurf zu einem **Faust-Drama**, dessen Verfasser Lessing selbst war.

Faust verlangt die schnellsten Geister der Hölle zu seiner Bedienung. Es erscheinen sieben Geister, von denen sechs seinen Ansprüchen nicht genügen. Faust (zum siebenten Geiste):
Wie schnell bist du?
Der siebente Geist:
Unzuvergnügende Sterbliche, wo auch ich dir nicht schnell genug bin – –
Faust:
So sage: wie schnell?
Der siebente Geist:
Nicht mehr und nicht weniger, als der Übergang vom Guten zum Bösen.
Faust:
Ha! du bist mein Teufel! So schnell als der Übergang vom Guten zum Bösen! – Ja, der ist schnell; schneller ist nichts als der! – Weg von hier, ihr Schnekken des Orkus! Weg! – Als der Übergang vom Guten zum Bösen! Ich habe es erfahren, wie schnell er ist! Ich habe es erfahren! usw. –

Was sagen Sie zu dieser Szene? Sie wünschen ein deutsches Stück, das lauter solche Szenen hätte? Ich auch!

THOMAS MANN

Doktor Faustus

DAS LEBEN
DES DEUTSCHEN TONSETZERS
ADRIAN LEVERKÜHN,
ERZÄHLT
VON EINEM FREUNDE

Roman

BERMANN - FISCHER VERLAG · WIEN

Häufig erlitten voll ausgeformte Stoffe ein *Eintrock-nen*, da sie der Zeit nicht mehr entsprachen. So trat nach dem Erscheinen des Volksbuches von *Doktor Faust* 1587 in Frankfurt und der Dramatisierung des Fauststoffes durch *Christopher Marlowe* 1589 (1594 erschienen) ein Engpaß in der Stoffentwicklung ein, auch wenn der Stoff bei englischen Komödianten und Puppenspielern noch fortlebte. Erst mit dem Ende der Aufklärung setzte eine Renaissance des Fauststoffes ein: 1759 von Lessing, 1772/75 und 1790 von Goethe, 1778 von Maler Müller, 1791 von Klinger aufgegriffen, erfuhr der Fauststoff bei *Goethe* 1790–1832 seine höchste künstlerische Gestaltung (unten: Aquarell von *Eugène Delacroix* zu »*Faust*«, 4. Szene). Auch nach Goethe erfreute sich dieser Stoff noch großer Beliebt-heit (Faustdichtungen von Grabbe, Lenau, Heine, Valéry). Die bisher letzte große Faustdichtung ist *Thomas Manns* Alterswerk »Doktor Faustus« (1947; links: Schutzumschlag der Erstauflage).

Bedingt durch politische Ereignisse, Zeitströmungen, wissenschaftliche Tendenzen u. a., können Motive und Stoffe, die lange keine oder nur geringe Beachtung fanden, neu belebt werden. Vielfach erfuhren sie dabei eine Anpassung an die Zeitverhältnisse, häufig aber auch eine Ergänzung. Die wohl im 5. oder 6. Jh. entstandenen fränkischen Heldenlieder um Siegfried bzw. Brünhild wurden in der »Edda« überliefert (links: *Runenstein von Ramsundberg* mit einer Darstellung der Siegfriedsage; frühes 11. Jh.).

Im späten 12. Jh. vereinte ein unbekannter österreichischer Dichter den Brünhild- und Siegfriedstoff mit der Sage vom Burgunderuntergang (Mitte: *»Siegfrieds erste Begegnung mit Kriemhild«*, Miniatur aus der *Hundshagenschen Nibelungenhandschrift*; 14. Jh.). Bei *Richard Wagner*, der als Romantiker eine Wiederbelebung der germanisch-deutschen Vergangenheit anstrebte, wurde im »Ring des Nibelungen« der Siegfriedstoff (unten: Szene aus »Siegfried«, 3. Akt: *Siegfried erweckt Brünhilde*; Gemälde von *Joseph Hoffmann* nach seinem Bühnenbildentwurf; 1876) mit dem Mythos von der Götterdämmerung und mit dem Motiv vom Fluch des Goldes verbunden.

ens und im Jesuitentheater, bevorzugte man dem Faust-Stoff verwandte, aber stärker religiös fixierte Stoffe, etwa den von *Calderóns* „El mágico prodigioso" (1637) oder *Jacob Bidermanns* „Cenodoxus" (1602). Der *Nibelungenstoff* versank zwischen dem Siegfried-Drama des *Hans Sachs* (1557) und *Fouqués* „Der Held des Nordens" (1808/10), dem durch wissenschaftliche Bemühungen um die alten Texte vorgearbeitet worden war und bis in die Gegenwart eine Fülle weiterer Fassungen folgte (u. a. *Ernst Raupach:* „Der Nibelungen-Hort", 1834; *Friedrich Hebbel:* „Die Nibelungen. Ein deutsches Trauerspiel in drei Abteilungen", 1855/60; *Richard Wagner:* „Der Ring des Nibelungen", entstanden zwischen 1848 und 1874).

Manche Stoffe scheinen nach langem Bestehen ganz verschwunden: An den Alboin-und-Rosamunde-Stoff hat sich seit *Vittorio Alfieri* (1783) kaum mehr ein Autor von Bedeutung gewagt, der Eginhart-und-Emma-Stoff war schon im 19. Jh. nur ein Thema für Epigonen, die Schöne Irene scheint seit dem Ausgang des 18. Jh. vergessen und die blutige Geschichte von Mustapha und Zeangir nicht minder. Ob und wann Zeitströmungen oder der Anstoß durch ein einflußreiches Werk ein zur Zeit ruhendes Stoffgut wieder aufleben lassen, entzieht sich stichhaltiger Voraussage. Die Anstöße, die von *Benoît de Sainte-More* für die Erneuerung, ja eigentlich Konstituierung des Stoffes von Troilus und Cressida ausgingen, kamen ebenso überraschend wie die geniale Umänderung der Talestris-Situation durch La Calprenède.

Oft rücken nicht nur allgemeine Geschmacksverlagerungen, sondern wissenschaftliche Arbeiten und philosophische Thesen ein Motiv, einen Stoff oder einen ganzen Stoffkreis den Autoren nahe. Die *Wiederaufnahme* des Nibelungenstoffes und anderer mittelalterlicher und frühgermanischer Stoffe durch die Dichter des *Göttinger Hains*, des *Sturm und Drang* und der *Romantik* ist zweifellos der Wiederbelebung der deutschen Vorzeit durch Historiker, Literarhistoriker und Kunsthistoriker zuzuschreiben. Die wissenschaftliche Entdeckung der Orphik hat dazu geführt, daß seit dem Ende des 18. Jh. Orpheus als Gestalt und als Idee für die Lyrik fruchtbar wurde. Nach dem Einfluß orphischen Gedankenguts auf *Hamann, Herder* und *Goethe* haben *Novalis, Hölderlin, Shelley* und *Rilke* das Gedankliche wieder mit der Gestalt des Orpheus verschmolzen, Wesen und Amt des Dichters sowie die Bändigung der Natur in ihm verkörpert gesehen. *Sigmund Freud* verursachte eine verstärkte Behandlung des Vater-Sohn-Konflikts, des Ödipus-Stoffes und des Narziß-Stoffes. Die Entdeckung des sog. Ödipuskomplexes war vielleicht schon in *Hofmannsthals* „Ödipus und die Sphinx" (1905), sicher aber bei dem Niederländer *Max Croiset* („Oidipoes en zijn moeder", 1950) und in den Vater-Sohn-Dramen seit dem Expressionismus wirksam, und die Auseinandersetzung mit dem aus dem Bereich der Psychoanalyse stammenden Begriff des Narzißmus (von P. Näcker 1899 gewählt) ist an *Paul Valérys* „Fragments du Narcisse" (1926), *Hermann Hesses* Roman „Narziß und Goldmund" (1930), *Joachim Gasquets* „Narcisse" (1931) u. a. zu spüren.

Die *innere Aktualität* eines Stoffes, die bei Stoffrenaissance Voraussetzung ist, zieht häufig auch eine äußere Aktualisierung nach sich. Der Autor verlegt einen alten Stoff in die eigene Zeit und frischt ihn mit neuen Namen auf, um ihn gängiger zu machen. *Vinícius Mello de Moraes* ließ seinen „Orfeu da Conceição" (1956) im Negerviertel von Rio de Janeiro und während des dortigen Karnevals spielen, bei dem erst das Mädchen und dann der Negersänger Opfer der Eifersucht werden. Wenn ein Autor andererseits einen Stoff als zu brennend empfindet, kleidet er ihn in das Gewand einer älteren oder erfundenen Fabel, um ihn aus der Tagesdebatte herauszunehmen, vieldeutiger zu machen und seinen Geltungsbereich zu erweitern. So maskierten *Zacharias Werner* und *Heinrich von Kleist* ihre Anklage gegen den Eroberer Napoleon sowie die französische Gewaltherrschaft, der eine mit dem Attila-Stoff („Attila", Drama 1808), der andere mit dem Stoff um den Germanienbefreier Arminius („Die Hermannsschlacht", Drama 1808); indem sie die Gegenwartsproblematik durch historische Stoffe dämpften und ihr Distanz verliehen, aktualisierten sie zugleich die historischen Stoffe durch die in sie eingelassenen Gegenwartsbezüge. *Ernst Jünger* kleidete in „Auf den Marmorklippen" (1939) seine Gedanken über die Machtlosigkeit verfeinerten Menschentums gegenüber roher Gewalt in eine Fabel, die an einem geographisch nicht fixierbaren Ort in einer historisch nicht fixierbaren Zeit – beide mit symbolischer Bedeutung – spielt.

Zwischen der Wandlung von Stoffen und dem Gehalt, den sie zu tragen und hervorzubringen imstande sind, besteht eine im einzelnen untersuchenswerte Dependenz.

Stoffentwertung

Die der Stoffrenaissance entgegengesetzte *Mortalität eines Stoffes* besagt nicht immer, daß er vollständig aus der Literatur verschwindet oder selten behandelt wird. Er kann auch seine Funktion ändern und einer anders gerichteten Verwertung zufallen. Im häufigen Gebrauch erschlafft ein Stoff, so

Der an der Wende zum 20. Jahrhundert durch den psychoanalytischen Begriff „Narzißmus" neu beleuchtete Narziß-Mythos war schon in der Romantik als Symbol des Künstlers verwendet worden. Ein Beispiel dafür ist das 1800 entstandene Sonett von

August Wilhelm Schlegel:
Narcissus

O Nymphe! sprach Narcissus zu der
Quelle,
Du Spiegel! Bett des fern und nahen
Lieben!
Du Tafel, wo sich Schönheit eingeschrieben,
Und meiner Wünsch' unüberstiegne
Schwelle!

Nicht thöricht mehr umarmend deine
Welle
Will ich die zarte Mahlerei dir trüben,
Laß mich in mich sie faßen, bei dir
drüben,
indem ich weinend dich gelinde
schwelle.

Doch wenn ich nun mich ganz in dich
ergoßen:
Wer weiß, ob ich dieß Bild in mir dann
miße,
Und wieder mich aus mir hinweg muß
sehnen?

Er sagt' es, und sein Leben war entfloßen,
Doch neigt, nicht mehr Narcissus, die
Narcisse
Den schwanken Stiel noch stets zum
Bach der Thränen.

daß ihm mit den gleichen Mitteln nichts Neues abgewonnen werden kann. Die *Motive schleifen sich durch immer neue Benutzung ab* und werden derart allgemein paßgerecht, daß sie einen *Versatzstückcharakter* annehmen. Autoren von Rang wenden sich von solchen Stoffen und Motiven ab, die nun in die Hände von Autoren geraten, deren gestalterische Kraft kleiner ist als die Tradition des Stoffes und die Konstanz der Motive, die stoffliche Substanzen routinemäßig übernehmen und weder erneuern noch ändern. Ein großer Teil der volkstümlichen Literatur und der Volksliteratur mit ihren stereotypen stofflichen Schemata, ihren Erzähllöchern bzw. ihrer sog. Zersungenheit, ihren stumpfen und blinden Motiven ist so zu erklären. Das Volkslied und die Volksbücher, der Aventurier-Roman und andere triviale Romangattungen des 18. Jh., das Wiener Zauberstück und die Wiener Posse, der Ritter-und-Räuber-Roman, der niedere Liebesroman des 19. Jh., die Detektivgeschichte und die Wildwestliteratur haben von ihren gehobeneren Vorgängern die anfallenden stofflichen Substanzen geerbt.

Ein ähnlicher Weg *absinkender Stoffe und Motive* führt zur „Nacherzählung für die Jugend". Denn die Jugend erhielt in den Sammlungen von Sagen des klassischen Altertums oder von deutschen Heldensagen lediglich deren Stoff, der in die Auffassung und die Formvorstellung der eigenen Zeit verpackt und durch *erzieherische Absicht* gebrochen war. *Joachim Heinrich Campe* meinte, das Belehrende am Schicksal von *Daniel Defoes* „Robinson Crusoe" (1719) dadurch dem Jugendlichen nahezubringen, daß er in seinem „Robinson der Jüngere" (1779) die Reize des Abenteuerromans mit den moralisierenden und enzyklopädischen Bestrebungen seiner Zeit verknüpfte, den Gang der Handlung unterbrach und lehrhafte Dialoge zwischen dem Erzähler und den zuhörenden Kindern einflocht. So wurde die schlichte Erzählung Defoes mit Bildungs- und Moralballast aufgefüllt und die künstlerische Form der aus sich selbst wirkenden Darbietung zerstört. Auch die anderen Dichtungen von weltliterarischem Format, die in die Sphäre des früheren Jugendbuches gelangten, wie zum Beispiel *Cervantes'* „Don Quijote", *James Fenimore Coopers* „Lederstrumpf"-Romane und *Harriet Beecher Stowes* „Onkel Toms Hütte", sind dort nicht ohne zum Teil erhebliche Bearbeitungen und Streichungen heimisch geworden.

Ein anderes Ergebnis von Stoffbaisse hat jedoch in die Kunstliteratur der *Parodie* und *Travestie* zurückgeführt, die oft die Folge der Übersättigung einer Zeit oder einer Person gegenüber vielbenutzten Stoffen und Motiven sind. Man könnte bei parodierender oder auch nur ironisierender Behandlung von Stoffen in Analogie zu den Motiven auch von *Inversion* sprechen. Der Überdruß an den Haupt- und Staatsaktionen der Oper und ihren Königinnen, Prinzessinnen und Helden höfisch-galanter Prägung bildet den Hintergrund zu *John Gays* „The Beggar's Opera" (1728), die angeblich einen Bettler zum Verfasser hatte, der dann auch am Schluß dem Publikum zuliebe den Helden Macheath am Leben ließ und einen glücklichen Ausgang des Ganzen ermöglichte. Die Handlung ist in die äußere Form der Oper gekleidet, die üblichen Motive werden nachgeahmt, und den Arien sind oft Melodien aus Händelopern zugrunde gelegt, aber das Milieu ist das von Dieben, Hehlern und Dirnen, der Held ein Straßenräuber. Die Aufführung wirkte nicht nur wie ein befreiendes Aufatmen, sondern auch als Denkanstoß für die Autoren der heroischen Oper. Die bis in die Anfänge der Oper zurückreichende Tradition der Orpheus-Opern und die Werke *Richard Wagners* mußten sich parodistische Dekuvrierungen – denn Parodie will immer Dekuvrierung sein – gefallen lassen. Bereits zur Blütezeit des hohen Minnesangs setzte die Parodierung seiner Haltung und seiner Motive durch *Neidhart von Reuenthal* ein. *Goethe* wandte sich 1776/77 mit dem „Triumph der Empfindsamkeit" gegen die empfindsame Literaturströmung, zu der er selbst mit den „Leiden des jungen Werthers" (1774) einen der bedeutendsten Beiträge geleistet hatte. Der Prinz, der eine „Reisenatur" mir künstlichen Quellen, künstlichem Vogelgesang und künstlichem Mondschein mit sich führt und statt eines lebendigen Menschen lieber eine Puppe anbetet, deren Herz aus einem Sack voll empfindsamer Romane besteht, ist das verzerrte Ebenbild der Helden eben dieser Romane. Goethe baute in die Handlung des „Triumphs der Empfindsamkeit" sogar „freventlich" das an sich ernst gemeinte Monodrama „Proserpina" ein, um dadurch einer spezifisch sentimentalischen Gattung jener Tage einen Schlag zu versetzen. Die spätromantische Lyrik mit ihren Wort- und Stoffklischees wurde in den desillusionierenden Kontrafakturen *Heinrich Heines* aufgespießt und ihres Nimbus entkleidet.

In der modernen Literatur liefern die ironiegesättigten Werke des späten *Thomas Mann* und die parodistischen Dramen *Friedrich Dürrenmatts* eine Fülle von Beispielen für parodistische Umwertung von Stoffen. Manns „Joseph und seine Brüder" (1933–43) ist ironisierende Behandlung der Patriarchengeschichte und des Joseph-Mythos, im „Doktor Faustus" (1947) wird das Lutherdeutsch parodiert und das Volksbuch halb ernsthaft, halb parodierend herangezogen, durch „Lotte in Weimar" (1939) zieht sich ein ständiges Spiel mit Goethes Werk, in „Der Erwählte" (1951) wird die schlichte, gläubige Erzählung *Hartmanns von Aue* einer Brechung unterzogen. Bei *Friedrich Dürrenmatt* sind „Romulus der Große" (1948) und „Herkules oder der Stall des Augias" (1954) besonders augenfällige Parodien, doch ist sein ganzes Werk von literaturparodistischen Zügen durchwirkt. Nun sind weder der Joseph-Stoff, Gregorius, Romulus noch der Herakles in neuester Zeit übermäßig oft behandelt und aus diesem Grunde parodiereif geworden. Die parodistische Haltung der modernen Autoren liegt vielmehr, wie *Dürrenmatt* sagt, darin begründet, daß sie „in ein anderes Verhältnis zu dem geraten sind, was wir Stoff nennen".

Man möchte dieses Verhältnis als ein Darüberstehen oder Danebenstehen bezeichnen, das dem Autor die Möglichkeit gibt, auf frühere Darstellungen zu verweisen, frühere Arten der Darstellung zu kritisieren und seine eigene mit ihnen zu vergleichen. Charakteristisch für diese von *Thomas Mann* in seinem Joseph-Roman ständig genutzte Verfahrensart ist seine Darbietung der im Alten Testament nicht enthaltenen Geschichte von der Damengesellschaft, die Potiphars Frau veranstaltet. Er rechtfertigt dieses Verfahren eindringlich: „Der Erzähler ist zwar in der Geschichte, aber er ist nicht die Geschichte; er ist ihr Raum, aber sie ist nicht der seine, sondern er ist auch außer ihr, und durch eine Wendung seines Wesens setzt er sich in die Lage, sie zu erörtern. Niemals sind wir darauf ausgegangen, die Täuschung zu erwecken, wir seien der Urquell der Geschichte Josephs. Bevor man sie erzählen konnte, geschah sie; sie quoll aus demselben Born, aus dem alles Geschehen quillt, und erzählte geschehend sich selbst. Seitdem ist sie in der Welt; jeder kennt sie oder glaubt sie zu kennen, denn oft ist das nur ein unverbindliches und ohne viel Rechenschaft obenhin träumendes Ungefähr von Kenntnis. Hundertmal ist sie erzählt worden und durch hundert Mittel der Erzählung gegangen. Hier nun und heute geht sie durch eines, worin sie gleichsam Selbstbesinnung gewinnt und sich erinnert, wie es denn eigentlich im Genauen und Wirklichen einst mit ihr gewesen, also, daß sie zugleich quillt und sich erörtert." Thomas Manns Joseph-Geschichte wird so zu einer spielerisch ironisierenden und kommentierenden Summa von mythischen Vor- und Nachbildern, zu „Tempeltheater", denn auch Joseph selbst empfindet sich als Spieler einer mythischen Rolle, als Träger einer Geschichte, eines Stoffs.

Thomas Mann: Joseph und seine Brüder (1933–1943)

…Sämtliche Nacherzählungen unserer Geschichte, mit Ausnahme freilich der uns würdigsten, aber auch kargsten: der Koran sowohl wie die siebzehn persischen Lieder, die von ihr künden, Firdusis, des Enttäuschten, Gedicht, woran er sein Alter wandte, und Dschamis spät-verfeinerte Fassung – sie alle und ungezählte Schildereien des Pinsels und Stiftes wissen von der Damengesellschaft… Die Lieder gleiten in manchen Irrtum und lassen sich manche abwegige Variante und Ausschmükkung zu schulden kommen, worin die süße Schönheit, welcher sie nachhängen, zu Lasten der strengen Wahrheit geht. Den Zwischenfall der Damengesellschaft aber angehend, sind sie im Recht, und weichen sie auch hier wiederum um süßen Effektes willen ab von der Form, in der die Geschichte ursprünglich sich selber erzählte, ja, strafen sie sich durch ihre Abweichungen voneinander wechselseitig Lügen, so sind doch nicht ihre Sänger die Erfinder des Begebnisses, sondern die Geschichte selbst ist es oder persönlich Potiphars Weib.

Thema

Thema als Strukturelement

Hermeneutik ist ein uraltes und legitimes Anliegen derer, die sich mit Dichtung beschäftigen, und sie läßt sich fast so lange nachweisen wie die Dichtung selbst. Schon im 6. Jahrhundert v. Chr. hat *Theagenes von Region* und nach ihm *Anaxagoras* ·die homerischen Götter dadurch gegen den Vorwurf einer Vermenschlichung zu verteidigen gesucht, daß er ihren „tieferen Sinn" als Symbolisierungen von Naturmächten aufzeigte. Auf dem Wege der Allegorese deuteten beide die Götter und Heroen *Homers* in Verkörperungen von abstrakten Qualitäten oder Naturmächten um, damit der Streit der Götter als Kampf der Elemente, die Pfeile Apolls als die Sonnenstrahlen und das Gewebe Penelopes als die Regeln der Dialektik aufgefaßt würden. Interpretationen dieser Art und vor allem auch die von lexikographisch erklärungsbedürftigen Homerstellen finden sich in den für den Schulgebrauch gedachten Kommentaren und schlugen sich schließlich in den Scholien nieder, die nahezu die gesamte antike Literatur erfaßten und eine bis ins Mittelalter reichende, die inzwischen entstandene Bibelexegese einschmelzende Tradition begründeten. Wo immer ein Dichter in den frühen Epochen gerühmt wurde, ist neben der Schönheit, d. h. der gelungenen Form, der tiefere Sinn seines Werks hervorgehoben worden. *Aristophanes* verlieh in seinen „Fröschen" dem *Aischylos* die Krone der Tragödie, weil dieser, obgleich *Euripides* an stilistischer Kunst unterlegen, das heroische Ideal aufrechterhalten, die alten Tugenden Athens bewahrt und als Mittel gegen die Übel der Zeit die Forderung nach mannhaften Bürgern gestellt habe – ein Urteil, das nicht aus einem explizit formulierten Rezept des Aischylos, sondern nur aus der Deutung seines Werks gewonnen werden konnte. Die Zweiheit der Kriterien – Stil und Gehalt – findet sich fast 2000 Jahre später wieder im Urteil *Gottfrieds von Straßburg* über seinen Dichterkollegen *Hartmann von Aue*, an dem Gottfried die Klarheit der Sprache und die tiefere Bedeutung rühmt, mit denen er seinen Stoff, „diu mære", darzubieten wußte. Für die bürgerlich-aufklärerische, dem Nützlichen und Pädagogischen zugewandte Denkungsweise eines *Gottsched* war dann der „moralische Lehrsatz" sogar Ausgangspunkt dichterischer Konzeption, zu dem eine „allgemeine Fabel" ersonnen wer-

Scholien, wahrscheinlich von griech. scholé = Schule abgeleitete Bezeichnung für antike Erklärungen zu den Schriftstellern, Kommentare für den Schulgebrauch. Sie bieten heute der Altertumswissenschaft Ersatz für verlorengegangene Werke der Antike.

Gottsched, *Johann Christoph* (1700–1766), deutscher Literaturtheoretiker und Literaturreformer. Hielt seit 1725 an der Universität Leipzig Vorlesungen über Philosophie und schöne Wissenschaften, war dort seit 1734 o. Prof. für Logik und Metaphysik. Errang durch seine am französischen Klassizismus ausgerichtete Dichtungstheorie vorübergehend maßgebenden Einfluß auf die Literatur der Aufklärung. Wichtig wurde sein Kontakt zu deutschen Schauspielertruppen und mit ihnen durchgesetzte künstlerische und sittliche Reform der deutschen Bühne, für die er und seine Frau Adelgunde geeignetes Spielgut sowohl selbst lieferten wie übersetzten und anregten.

Hauptwerke:
Versuch einer critischen Dichtkunst vor die Deutschen, 1730; Sterbender Cato, Trauerspiel 1732; Deutsche Schaubühne, hg. 1740–45; Grundlegung einer deutschen Sprachkunst, 1748; Nöthiger Vorrath zur Geschichte der deutschen Dramatischen Dichtkunst, 1757–65.

Vischer, *Friedrich Theodor*
(1807–1887), deutscher
Philosoph, durch Schriften
zur Ästhetik und kritische
Essays bedeutend, mit seinen belletristischen humo-
ristisch-satirischen Werken
kaum über seine Zeit hin-
ausreichend.

Hauptwerke:
Kritische Gänge, 1846;
Ästhetik oder Wissenschaft
des Schönen, 3 Bde.
1846–57; Faust – Der Tra-
gödie dritter Teil, Parodie
1862; Auch Einer, Roman
1879.

Friedrich Theodor Vischer:

Faust – Der Tragödie dritter Teil (1862)

Gesang der Sinnhuber

Lebe hoch die tiefre Deutung,
Bloß Exaktes ist vom Übel!
Hoch die philosoph'sche Häutung,
Schälung dichterischer Zwiebel!

Hier ist nie ein Ding es selber;
Männer, Weiber, acta, facta,
Löwe, Hunde, Ochsen, Kälber
Sind Begriffe, sind abstracta.

Nur der Geist, er macht lebendig,
Buchstab ist nur Feld im Winter,
Saatkorn schlummert innewendig;
Fraget stets: was ist dahinter?

Wer sich nur am Bild ergetzet,
Sinnlich ist er, soll sich schämen,
Wer den Wert ins Zentrum setzet,
Fragt: was läßt sich draus entnehmen?

Erster Sinn will wenig sagen;
Vorwärts mit bedachten Schritten!
Nach dem zweiten mußt du nagen,
Weiter, weiter nach dem dritten!

Der Poet ist ein Verstecker,
Flieht, was nur sich selbst bedeutet,
Und erwartet den Entdecker,
Welcher den Begriff erbeutet.

Nur erklären, nur erklären,
Aber ja kein Urteil wagen,
Nur verehren, nur verehren,
Ob poetisch? ja nicht fragen!

Doch auf des Parnasses Gipfeln
Mit den dankbaren Poeten
Wandeln unter Lorbeerwipfeln
Arm in Arm die Interpreten.

den müsse, der die Wahrheit dieses Satzes beweist, eine Wahrheit, die dann natürlich keiner Deutung mehr bedarf. Auch der durch die Inkommensurabilität des Kunstwerks ausgelöste Zwang zum Deuten und die Irrwege des Deutens sind alt. Mit sehr ähnlichen Ausdrücken, wie sie *Aristophanes* von dem ins Bombastische gleitenden Stil des *Aischylos* gebraucht, dessen wilde, wirbelnde Worte dem gemeinen Mann nicht verständlich seien, tadelt *Gottfried von Straßburg* den „wildenære" *Wolfram von Eschenbach*, dessen Text man nicht verstehen könne, wenn man nicht Deuter hinzuziehe – man habe aber keine Zeit, in schwarzen Büchern nach Auslegungen zu suchen. Wie das schon erwähnte Beispiel des *Theagenes von Region* zeigt, hat Dichtungsdeutung ähnlich wie eine spätere Bibelexegese mitunter zu wunderlichen Auswüchsen geführt, so daß sich zum Beispiel ein berechtigtes Unbehagen an der „Faust"-Deutung in *F. Th. Vischers* „Faust – Der Tragödie dritter Teil" (1862) Luft machte, in dessen „Nachspiel" die „sich zu Tode erklärt habenden Erklärer", eingeteilt in Stoffhuber (unter Stoff sind hier biographische Fakten gemeint) und Sinnhuber, im Vorraum des Himmels eine Prügelschlacht ausfechten.

Eine der Behandlung des Motivs und Stoffes angegliederte Erörterung des Gehalts oder Themas als eines ebenfalls zum Inhalt gehörigen Faktors will *weder Sinnhuberei* betreiben *noch* eine Art *Rückwendung zur geistesgeschichtlichen Betrachtungsweise* vollziehen oder einer Wiederbelebung der Literaturgeschichte als Problem- oder Ideengeschichte Vorschub leisten. Ideengeschichte ist kein primäres Ziel der Literaturwissenschaft, weil sie ihren Schwerpunkt im außerkünstlerischen Bereich hat und die Literaturgeschichte ihr immer nur Teilbeiträge liefern kann. Zum autonomen Bereich der Literatur und der Literaturwissenschaft gehört jedoch der Sinngehalt als Strukturelement genau wie Motiv und Stoff. Gehalt bzw. Thema bestimmen die Anlage des inhaltlichen Gefüges, die Verknüpfung der Motive, Handlungseinheiten, Personen; dem Thema dienen die Sprachgebung und die Form. *Roman Ingarden*, der die wichtigste Funktion der zur Darstellung gekommenen gegenständlichen Situationen darin sah, daß sie metaphysische Qualitäten offenbaren, betont, daß diese Offenbarung nicht nur von den rein gegenständlichen Eigenschaften der Gegenstände und Situationen abhänge, sondern auch von der Weise, wie sie dargestellt und zur Erscheinung gebracht werden, also von dem Aufbau und dem Zusammenwirken aller Schichten des literarischen Kunstwerks. Bei diesen metaphysischen Qualitäten kann es sich daher nicht um Themen jenes von Gottsched herangezogenen moralischen Lehrsatzes, aber auch nicht um Ideen im synthetischen Sinne der Philosophie oder als Problemlösungen handeln, die sich als Emanationen des Geistes einer Epoche oder der Weltanschauung eines Dichters im Text niederschlagen. Gehalt der Dichtung ist nie fest Umreißbares, sondern die in die Gegenständlichkeit des Werkes eingesenkte, in seiner Form beschlossene Sinneinheit des Werkes. Aus diesem „*inkommensurablen" Charakter* des weniger im Text als durch den Text ausgedrückten gedanklichen Gehaltes erklärt sich die Abneigung und das Zögern der Autoren, selbst Angaben über den „Sinn" ihrer Werke zu machen. *Goethe* gestand nur für die „Wahlverwandtschaften" zu, daß er eine zusammenfassende und faßbare Idee zugrunde gelegt habe, für den „Faust", dessen „Erklärung" soviel Sinnhuberei Dritter in Gang gesetzt hat, lehnte er sie völlig ab. Er wollte durch die in seinem Innern ausgebildeten und im Werk gestalteten „Eindrücke sinnlicher, lebensvoller, bunter, hundertfältiger Art" zum Publikum sprechen, nicht durch „Verkörperung von etwas Abstraktem". Der so anders geartete *Schiller* hat Goethe vergebens auf die Notwendigkeit hingewiesen, das vielschichtige Werk einer Idee zu unterwerfen. Viele Autoren vor und nach Goethe haben sich ähnlich ablehnend gegenüber der Formulierung eines Themas verhalten, obwohl auch sie ihre Werke als „Bruchstücke einer großen Konfession" betrachteten. Wer sich in Bildern und Plots ausdrückt, ist oft ungeeignet, den gleichen Sinngehalt in Begriffe zu fassen; Selbstinterpretationen können daher unbefriedigend und sogar mißleitend sein. Andere Autoren gehen bei Äußerungen über ihr Thema behutsam umschreibend vor und hüten sich, einen „moralischen Lehrsatz" deutlich werden zu lassen. *Theodor Storm* definierte in einem Brief an *Keller* das „Thema" seiner Novelle „Ein Bekenntnis" mit den Fragesätzen „Wie kommt ein Mensch dazu, sein Liebstes zu töten? Und wenn es geschehen, was wird aus ihm?", und das Thema von *Fontanes* Roman „Der Stechlin" ist nach Worten des Dichters: „Gegenüberstellung von Adel, wie er bei uns sein sollte und wie er ist."

Ein Werk kann nach *Schiller* erst dann als „absichtslos" erscheinen, wenn die Idee im Körper der Dichtung aufgegangen und ihr Zweck nicht mehr erkennbar ist, und diese Eigenart des nicht dem abstrakten Denken ausgelieferten Gehaltes macht den Zugang zu ihm schwieriger als den an Konkreta orientierten Zugang zu Motiv und Stoff. Laut *Ingarden*, der das literarische Kunstwerk als eine aus Schichten bestehende Totalität definiert, stellen die durch diese Totalität offenbarten metaphysischen Qualitäten nicht eine eigene Schicht dar,

Ingarden, *Roman* (1893–1970), polnischer Philosoph, entwarf in seinen Schriften zur Ästhetik mit Hilfe der phänomenologischen Methode eine Ontologie der Kunst, besonders der Literatur. Wegen seiner „idealistischen" Ausrichtung wurde er von seiner Lehrtätigkeit, die er seit 1945 in Krakau und Warschau ausübte, 1950 bis 1956 dispensiert.

Werke zur Ästhetik: Das literarische Kunstwerk, 1931 (Neubearbeitung 1969 unter dem Titel „Vom Erkennen des literarischen Kunstwerks"); Studien zur Ästhetik, 1947–58; Untersuchungen zur Ontologie der Kunst, 1962.

Goethe zu Eckermann am 6. Mai 1827:

Da kommen sie nun und fragen: welche Idee ich in meinem Faust zu verkörpern gesucht? – Als ob ich das selber wüßte und ausdrücken könnte! ... Es hätte auch in der Tat ein schönes Ding werden müssen, wenn ich ein so reiches, buntes und so höchst mannigfaltiges Leben, wie ich es im Faust zur Anschauung gebracht, auf die magere Schnur einer einzigen durchgehenden Idee hätte reihen wollen.

Gabriele Wohmann in „Schönes Gehege" (1978):

Wenn ich das, was ich vielleicht jeweils vorhabe, zu einer Formel einschnurren lasse, es auf den Begriff des THEMAS bringe, mir mein Vorhaben als THEMA klassifiziere, kommt es mir sofort verhindernd vor, nämlich: einengend, übertrieben, anmaßend, hochgeschraubt und zu niedrig geschraubt, beschränkt, kleinformatig, stumpfsinnig, eben in dieser Widersprüchlichkeit: eng.

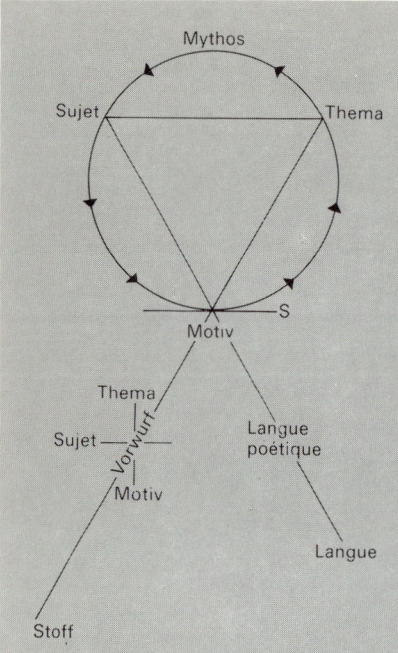

Leo Pollmann: Modell für den „Weg, der vom Stoff zur in sich bewegten Werkwirklichkeit schöner Literatur führt". Aus: „Literaturwissenschaft und Methode", 1971. – Das Modell weicht vor allem dadurch von den hier entwickelten Vorstellungen ab, daß Pollmann den Terminus Stoff im Sinne von Rohstoff verwendet; vgl. S. 30.

„Der Stoff tritt, als Vorwurf im Hinblick auf die Gestaltung reflektiert – wobei sich gegebene Motive und ein bzw. mehrere gegebene Themen und Sujets an- und herauskristallisieren –, mit der literarischen Motivierung über die Schwelle (S) der *parole poétique*, wird hierdurch in den lebendigen Stromkreis des Werks, diesen selbst mitbewegend (Motiv) aufgenommen und hört auf, bloßer Stoff zu sein, wie denn auch das wirkende Motiv, das aktualisierte Thema und das behandelte Sujet nun nur noch *per viam abstractionis* aus dem Ganzen herausgelöst werden können. Die in sich kreisende, die reine Mitteilung transzendierende Einheit des Ganzen ist durch den die Punkte ‚Motiv', ‚Thema' und ‚Sujet' durchlaufenden Kreis des literarischen (nicht etwa transzendentalen) Mythos symbolisiert (andere würden hier von Symbol, wieder andere von Metapher sprechen, wobei Metapher metaphorisch verwendet wäre); dieser Kreis ist als mit erheblicher Geschwindigkeit kreisend zu denken. In diesem Kreis sind also sowohl der *status transcendendi* als auch die jedenorts gegebene Einheit und nicht zuletzt auch das Insichruhen graphisch wiedergegeben."

sondern sie sind in den Text integriert. Es muß daher Aufgabe einer um die Struktur bemühten literarischen Forschung sein, aufzuspüren, in welchen Schichten und auf welche Weise der Gehalt seinen Ausdruck finden kann. Ohne *Lotmanns* extrem formalistischer Definition „Der Ideengehalt des Kunstwerks ist seine Struktur" beizupflichten und ohne dem Ziel eines Modells zuzustreben, das immer die Gefahr einer schablonisierenden Nivellierung des einzelnen Werkes in sich birgt, soll sowohl nach den strukturellen Möglichkeiten, die das Werk dem Thema bietet, als auch nach den strukturierenden Qualitäten gefragt werden, die vom Thema her auf den gegenständlichen Bereich einwirken.

Es geht hier also weniger um die Deutung als um das Aufzeigen der thematischen Substanz, obgleich mit dem Aufzeigen schon ein Teil der Deutung gegeben ist, denn das Erkennen thematischer Partikeln setzt den Keim des Deutungsakts, das intuitive Begreifen dessen, worum es geht, voraus. Die Aufforderung zur Deutung liegt im Kunstwerk beschlossen und bildet die eigentlich verbindende Funktion zum Rezipienten. Das abstrahierende Vorgehen des Lesers oder Zuschauers, sein unbewußter oder bewußter *Deutungsakt* gehören gewissermaßen als *notwendige Ergänzung zur vollen Existenz des Kunstwerks.* Aber die Deutung setzt auch das Wissen darüber voraus, daß schöne Literatur nicht nur ihre Sinnsphäre vor dem Zugriff rationalen Verstehens in der Gestalt verborgen hält, sondern daß sie von Natur mehrdeutig ist, über eine konnotative Wirkung verfügt, so daß jede Hermeneutik diesem Phänomen nur durch eine Vielfalt der Gesichtspunkte sowie Offenheit für weitere begegnen und *nie zu endgültiger Eindeutigkeit* gelangen kann.

Das als Autormeinung explizit formulierte Thema

Es muß zunächst ein Schritt zurück getan und nachgeholt werden, daß alles, was soeben über den Gehalt und seinen schwer zu erfassenden Charakter gesagt worden ist, für eine recht große Gruppe von Literatur nicht gilt. Aufklärende, engagierte, tendenziöse, kurz alle *belehrende Literatur drückt ihren Gehalt explizit aus.* Dabei ist belehrende Literatur nicht im Sinne jener Art von Lehrdichtung gemeint, die objektive oder als objektiv angenommene Wahrheiten vermitteln will, eine Art vorwissenschaftlicher Literatur auf einer Kulturstufe mit noch nicht selbständiger Wissenschaft, sondern solche, die subjektive Wahrheiten philosophischen, religiösen und politischen Charakters zum Zwecke der Erziehung, Bekehrung, Beeinflussung vermittelt. Hier tritt der *Autor als Bekenner und Erzieher* mit der von ihm durch erdichtete Vorgänge mehr oder weniger verhüllten Wahrheit deutlich hervor, seine Fiktion dient ganz offen dem Zweck, eine Moral im weitesten Sinne vorzutragen. Der moralische Lehrsatz ist hier legitim, ja geradezu notwendig.

Wo sich dichterische Ausgestaltung einer mythischen Handlung mit Lehre und Bekenntnis vereinen, wie etwa in der althochdeutschen Evangelienharmonie des Mönchs *Otfried von Weißenburg,* vollzieht sich die Verkündung des Gehalts auf sehr simple und eingängige Weise: Im Anschluß an die den Evangelien nacherzählten Partien erscheinen durch die Überschriften „Mystice", „Spiritualiter" und „Moraliter" gekennzeichnete exegetische Abschnitte, in denen der Autor den Zuhörer direkt anspricht – „Ih ságen thir thaz in uuára" – und ihm die nötige Auslegung gibt. Der Aufbau des Ganzen, die Form, unterstützt so die Wirkung des dem Autor wichtigen Gehalts. Man könnte Otfrieds Vorgehen mit dem des Pädagogen *J. H. Campe* vergleichen, der *Daniel Defoes* „Robinson Crusoe" für die Jugend aufbereitete, indem er in den Abenteuerroman, den ein Vater einer Gruppe von Kindern erzählt, Dialoge zwischen dem erzählenden, erklärenden, moralisierenden Vater und den fragenden, zustimmenden oder ablehnenden Kindern einbaute. Als solche von dem eigentlichen Text abgetrennte Hinweise auf die Meinung des Autors und somit auf den Gehalt können auch Werktitel und

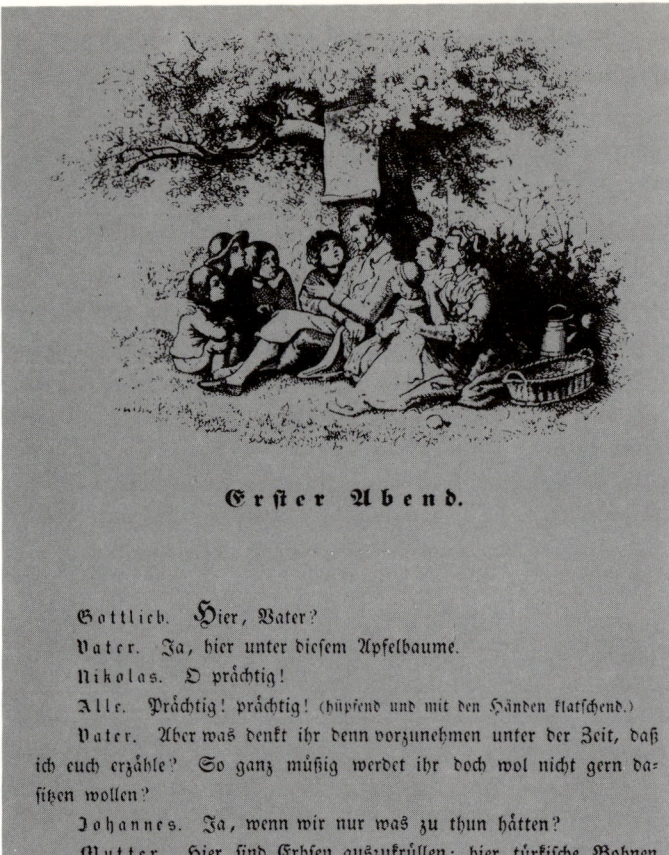

Erster Abend.

Gottlieb. Hier, Vater?

Vater. Ja, hier unter diesem Apfelbaume.

Nikolas. O prächtig!

Alle. Prächtig! prächtig! (hüpfend und mit den Händen klatschend.)

Vater. Aber was denkt ihr denn vorzunehmen unter der Zeit, daß ich euch erzähle? So ganz müßig werdet ihr doch wol nicht gern dasitzen wollen?

Johannes. Ja, wenn wir nur was zu thun hätten?

Mutter. Hier sind Erbsen auszukrüllen; hier türkische Bohnen abzustreifen! Wer hat Lust?

Robinson als Erzieher. Illustration **Ludwig Richters** zu einer 1848 erschienenen Ausgabe **J. H. Campes** **„Robinson der Jüngere"** (1779): Die Kinder haben sich mit dem Vater unter einem Apfelbaum niedergelassen, um über „Robinson" zu hören und zu diskutieren.

Mottos gelten. Wenn *Schiller* zwei antithetisch aufeinander bezogene Gedichte mit „Worte des Wahns" und „Worte des Glaubens" überschreibt, so ist der Sinngehalt dem Leser schon zugänglich, ehe ihm die im einen Fall warnende, im anderen preisende Intonation des Dichters vollends deutlich macht, wohin dieser zielt, und wenn *Georg Büchner* über sein Lustspiel „Leonce und Lena" das Motto setzt: „*Alfieri:* E la fama? *Gozzi:* E la fame?", so ist das Gegeneinander von idealistischer und realistisch-materialistischer Haltung schon in den Namen der beiden italienischen Autoren und ihren Aussprüchen angeschlagen, ehe die Handlung sich mit dieser Dialektik zu entwickeln beginnt – was freilich nur für den Leser, nicht für den Theaterbesucher gilt, der das Motto nicht zur Kenntnis nehmen kann.

Bei der weitaus überwiegenden Zahl belehrender Dichtung erfolgt die Formulierung des Gehalts durch den sog. *olympischen Erzähler*. In den traditionellen Erzählungen und Romanen nimmt der Autor der Handlung gegenüber eine betrachtende, distanzierte Haltung ein und garantiert damit den souveränen, „objektiven" Sinn seiner Äußerungen. Sie können durch eine sich wandelnde Position des Autors, durch Fern- und Naheinstellung oder durch wechselnde Perspektive bewußt verunklart und verschwommen erscheinen, sie können sich in Analogie und auch im Widerspruch zur Erlebnisweise der Figuren befinden und dennoch auf den Bedeutungsbereich des Ganzen hinweisen.

In einer mustergültig lehrhaften Gattung wie der *Fabel* gibt sich die Moral als Resümee der Handlung nackt und meist als Ausspruch des Erzähler-Autors. Bei *La Fontaine* erteilt der Fuchs dem geprellten Raben die Lehre: „Lerne, daß jeder Schmeichler auf Kosten dessen lebt, der ihn anhört! Diese Lektion ist gewiß einen Käse wert!", und anschließend faßt der Autor den Lehrertrag noch zusammen: „Der beschämte und verwirrte Rabe schwor, wenn auch ein bißchen spät, daß man ihn dabei nicht wieder ertappen würde!" *Goethes* zwar unter den Balladen aufgeführtes, aber fabelähnliches Gedicht „Die wandelnde Glocke" endet mit der moralisierenden Feststellung über das durch Schaden klug gewordene, d. h. zum Kirchgang bekehrte Kind: „Und jeden Sonn- und Feiertag gedenkt es an den Schaden, läßt durch den ersten Glockenschlag nicht in Person sich laden." Man könnte die Linie des Moralisierens der für Kinder gedichteten und auf Kinder wirkenden Geschichten fortführen bis zu Wilhelm Buschs ironischem „Und die Moral von der Geschicht: Bad' zwei in einer Wanne nicht!".

Die deutsche *Ballade* der klassischen Epoche ist nicht frei von solcher Art abschließender Moral, zumal sich die Balladen *Schillers* leichter als die *Goethes* im moralischen Satz zusammenziehen lassen. Jene berühmte Romanze *Gleims*, mit der sich die Ballade in die neuere Literaturgeschichte einführte, lief in einer reizvoll indirekt gewendeten Moral aus, indem der beeindruckte Leser gleichsam vor der Möglichkeit einer ähnlichen Erfahrung von Untreue und ihren Folgen die Augen schließt. Schiller gab dann mit den auf die Volksmenge und den Erzähler verteilten Schlußversen seiner Ballade „Die Kraniche des Ibykus" eine sehr direkte Beweisführung für die Schaubühne als moralische Anstalt, und auch Goethe verzichtete in seiner sublimen Ballade „Der Gott und die Bajadere" nicht auf den deutenden Hinweis der letzten drei Zeilen: „Es freut sich die Gottheit der reuigen Sünder; Unsterbliche heben verlorene Kinder mit feurigen Armen zum Himmel empor."

Die für das 18. Jahrhundert typische Gattung der *moralischen*

Johann Wilhelm Ludwig Gleim:
Traurige und betrübte Folgen der
schändlichen Eifersucht . . . . (1756)

...
Beim Hören dieser Mordgeschichte
sieht jeder Mann
mit liebreich freundlichem Gesichte
sein Weibchen an
und denkt:
Wenn ich es einst so fände,
so dächt ich dies:
sie geben sich ja nur die Hände,
das ist gewiß.

Erzählung steuerte meist auf eine solche belehrende Schluß-
bilanz zu, und der gleichfalls von seinem Wesen her mit belehrender Absicht befrachtete *Bildungsroman* schien geradezu verpflichtet, am Schluß den Erfolg seiner Absicht
kundzutun. *Wieland* gestaltete das Ende seiner „Geschichte
des Agathon" zu einer logischen Pyramide aus, indem er einen Bericht über Agathons letzte dreijährige Bildungsreise
durch den griechischen Kulturraum gibt, die verschiedenen
Punkte des Resümees jeweils mit „Er sah, daß ..." beginnen
läßt und es mit den Worten beschließt: „Er sah also, daß
wahre Aufklärung zu moralischer Besserung das einzige ist,
worauf sich die Hoffnung besserer Zeit, das ist, besserer
Menschen, gründet." In *Wilhelm Raabes* „Die Leute aus dem
Walde" laufen die letzten Zeilen Erzählertext, die das Motto
des Romans mit dessen Stern-Symbolik verbinden, geradezu
in die Worte aus: „das lehren – Die Leute aus dem Walde."
Da das neuere europäische *Drama* die Möglichkeit einer in
die Handlung integrierten oder sie begleitenden Autor-Figur
üblicherweise nicht bot, behalf man sich im 16. und 17. Jahrhundert und auch später gelegentlich noch mit einem Argu-
mentum, Prolog oder Epilog, um dem Zuschauer zur Sinndeutung zu verhelfen. Etwas ungeschickt wirkt das Verfahren
des *Hans Sachs,* die mit seinem eigenen Namen schließende
Endmoral vieler seiner Verserzählungen auf das Theater zu
übertragen. Nachdem der Bauer in „Der ins Paradies fahrende
Schüler" bekannt hat, daß er durch seine Torheit ebensoviel
Schaden anrichtete wie seine Frau durch die ihre, beschließt er
das Spiel folgendermaßen: „Denn zieh man schad gen schaden ab, / Darmit man Friedt im Ehstand hab / Und keyn un-
einigkeyt auf wachs; / Das wünschet uns allen Hans Sachs."
Man weiß nicht, ob der Bauer hier aus sich oder im Auftrag
des Autors spricht oder ob dieser sich zuletzt selbst zu Wort
meldet. Eine bewußte Abkehr vom modernen Illusionsthea-
ter und ein Paradigma für Lehrstücke stellen *Brechts* „Kau-
kasischer Kreidekreis" und dessen epischer Erzähler dar, der
als „Sänger" zur Veranschaulichung einer wirtschaftlichen
Lehre die Geschichte vom Kreidekreis aufführen läßt und die
Schlußmoral verkündet: „Ihr aber, ihr Zuhörer / der Geschichte vom Kreidekreis, nehmt zur Kenntnis die Meinung /
der Alten, daß da gehören soll, was da ist / denen, die für es
gut sind, also / die Kinder den Mütterlichen ..." •

Figurativ ausgedrücktes Thema

Die eben angespielte Möglichkeit des Autors, die gedankliche Substanz seines Textes einer Figur in den Mund zu legen, die nicht nur für das Drama, sondern erst recht für erzählerische Werke gilt, ist wohl die am häufigsten genutzte Methode der Gehaltsvermittlung. Auch sie erscheint häufig in Form der „angehängten" Moral.

Sinngehalt, der durch eine Figur zum Ausdruck gebracht wird, erleidet jedoch stets eine Brechung, insoweit diese Figur gemäß ihrem Charakter und ihrer Situation spricht. Ist sie wirklich nur Sprachrohr des Autors, so gerät sie in die Gefahr, unlebendig und schablonenhaft zu wirken. Künstlerische Formung des Gehalts erlegt dem Autor auf, seine „Idee" sich in verschiedenen Figuren spiegeln zu lassen, und dem Rezipienten, die Idee aus den Spiegelungen herauszufiltrieren. Wiederholungen des Themas in leichten Varianten, seine Umkehrung und die Einführung von Gegenstimmen erweitern, ergänzen und umspielen es und erhöhen seine konnotative Wirkung; die Anbringung sinnhaltiger Partien an markanten Stellen der Handlung unterstützt den Aufbau und unterstreicht das Mitspracherecht des Gedanklichen an der Form oder der Form am Gedanklichen.

Figuren, die außerhalb der gegensätzlichen Spannung der Handlung stehen, sind die geeignetsten Interpreten des Themas. Im Drama kann der seit der griechischen Antike immer wieder in Funktion getretene *Chor* diese Rolle erfüllen. Es muß jedoch auch hier in Rechnung gestellt werden, daß der Chor zwar oft allgemeine Wahrheiten formuliert, die sich aus der Situation ergeben, daß diese aber durchaus nicht immer eine von höherer Warte aus gezogene ethische Schlußfolgerung darstellen. Sie verbleiben vielmehr unabhängig vom Sinngehalt des Stückes im Allgemeinen oder sind sogar als parteiliche Äußerung anzusehen, da z. B. der antike Chor jeweils dem Helden zugeordnet zu sein pflegte. Die Funktion einer die Aufklärung der Hörer bewirkenden Moralisation erfüllte der griechische Chor eigentlich nur bei *Aischylos*, solange er nur zum Teil dramatische Potenz, zum anderen Sprachrohr des Dichters war. Das Chorlied der Dienerinnen in den „Hiketiden" kann der Meinung des Dichters über die männerscheuen, vor den ihnen bestimmten Gatten fliehenden Danaiden Ausdruck geben, indem er die Macht Aphrodites und ihr Recht auf Verehrung durch die Sterblichen verkündet und so das Thema der folgenden (verlorenen) Teile der Trilogie angibt, in denen wahrscheinlich am Beispiel Hypermestras der Sieg Aphrodites und eine Versöhnung der gegen-

Chor, von griech. chorós = Tanzplatz, Tanz, später Tanzgruppe. Feierlicher Reigentanz zur Begleitung eines von einem Sänger vorgetragenen Liedes war eine gottesdienstliche Handlung. In der Frühzeit des kultischen griechischen Theaters bildete der Chor den wichtigsten Teil der Tragödie, trat aber in der klassischen Zeit allmählich hinter der Handlung zurück; die Zahl der Chormitglieder in der Tragödie betrug 12, seit Sophokles 15.

sätzlichen Mächte dargestellt worden ist. Auch im dritten Chorlied des „Agamemnon" formuliert Aischylos eine Sinndeutung des Ganzen, indem er den Chor dem Glauben entgegentreten läßt, die Götter zerstörten aus Neid das Glück der Menschen, und deutlich macht, daß der Mensch selbst durch fortzeugend böse Taten an seinem Unglück schuld sei. Bei *Sophokles,* dessen Chor die feige, verächtliche Masse repräsentiert, kommt es nur sehr selten und dann nur punktuell zu Äußerungen des Chores im Sinne des Gesamtthemas, etwa in „König Oedipos", wenn der Chor, durch Iokastes Zweifel an den Orakeln herausgefordert, für die Verehrung der ewig bestehenden göttlichen Gesetze eintritt. In den Tragödien des *Euripides* schließlich ist die Beziehung zwischen Chor und dramatischer Handlung so gelockert, daß dessen Moralisationen ganz im Allgemeinen bleiben. Unter den neueren Klassizisten dürfte *Racine* mit seinen Chorliedern in den religiösen Dramen „Esther" und „Athalie" denjenigen bei Aischylos am nächsten stehen; nicht durch direkte Belehrung, sondern durch gefühlvoll geäußertes Vertrauen in Gottes Schutz will der Chor die Hörer überzeugen. Die an antike Vorbilder angelehnten Chöre in *Schillers* Trauerspiel „Die Braut von Messina" dagegen sind kein sicherer Schlüssel zur Meinung des Autors. Die – auch in der Antike schon geübte – Aufteilung des Chors in zwei Gruppen macht deren Gefolgschaftscharakter und ihre Parteilichkeit deutlich. Die das Trauerspiel abschließenden Chorverse, die nicht von beiden Chören gemeinsam, sondern von dem Don Cesar feindlichen Halbchor gesprochen werden, stoßen gleichwohl mit der Bewertung der Schuld als der Übel größtes in den Sinnbezirk des Ganzen vor, besagen aber nichts darüber, woher die hier begangene Schuld stamme und worin sie bestehe, sondern müssen durch Äußerungen Isabellas und vor allem Don Cesars ergänzt werden. Die Funktion der Chöre im „Faust" ist eine andere. Sie gehören dem Rahmen, dem Vorspiel und dem Schluß, an. Auch die Schlußchöre sprechen den Gehalt, der nach *Goethe* nicht „auf die magere Schnur einer einzigen durchgehenden Idee" gereiht werden kann, nicht direkt aus, aber sie geben doch in der Summierung des Geistes der einzelnen Stationen, die der zum Himmel schwebende Faust passiert, die sittlichen Werte an, die des Helden Erlösung ermöglichen.

Himmlische Chöre haben für den Leser und Hörer ein deutliches Recht, die thematische Summe einer Handlung zu ziehen. Wo ein überirdisches Wesen die Quintessenz formuliert wie der geisterhafte Knabe mit der Schale in *Goethes* Ballade „Der Schatzgräber", wird man nicht irregehen, wenn man in ihm den Sprecher des Dichters zu hören meint, ebensowenig bei dem Zaubermeister, der am Schluß von Goethes Ballade „Der Zauberlehrling" die Ordnung der Dinge wiederherstellt und die von dem Lehrling usurpierten Rechte für sich allein beansprucht. Auch der Ordensmeister in *Schillers* „Der Kampf mit dem Drachen" ist eine höhere Instanz, so daß er „die Demut, die sich selbst bezwungen", als das Thema der Handlung angeben darf.

Eine teilweise außerhalb der Handlung stehende Figur kann auch der *Berichter in Rahmenerzählungen* sein, wenn er nicht nur neutraler Referent, sondern Miterlebender und Betroffener ist und dadurch zur Beurteilung des Geschehens veranlaßt wird wie etwa Hans der Armbruster in *C. F. Meyers* „Der Heilige". Der Reiz dieser Erzählerfigur liegt darin, daß der Armbruster zwar als naher Gefolgsmann des Königs dessen Verhältnis zu Thomas à Becket aus nächster Nähe miterlebt, daß ihm aber auf Grund seiner naiven Unkompliziertheit die Vorgänge dennoch vielfach unverständlich bleiben und deshalb die Gestalt Beckets das Zwielichtige behält, das sie nach Wunsch des Autors haben soll. Zu der zeitlichen Zweischichtigkeit dieser Novelle – Zeitebene des Erzählens und Zeitebene des Erzählten – kommt in *Wilhelm Raabes* Roman „Stopfkuchen" eine dritte, noch tiefer in die Vergangenheit führende, an die Stopfkuchen und auch sein Freund, der Rahmenerzähler, sich erinnern. Die Betroffenheit dieses Erzählers durch die sich enthüllenden Ereignisse rufen ihn zu Kommentaren und Urteilen über Stopfkuchen, seinen Lebensgang und seine sittliche Leistung auf. Auf vorderster Zeitebene dieses der Struktur der Detektivgeschichte verpflichteten Romans schreibt der Erzähler das Erlebte und Gehörte nieder und ist mit seinen Sinndeutungen sicher als Sprachrohr des Dichters anzusehen.

Man hat behauptet, daß in dem Augenblick, als in der klassischen französischen Tragödie der Thronsaal und der Salon Schauplatz der Handlung wurden, kein Chor mehr denkbar war und statt seiner der *Confident*, meist in Gestalt eines Dieners, die argumentierende und interpretierende Rolle übernahm. Die Parteilichkeit und die sozial untergeordnete Position dieser Figur lassen auch hier wieder Vorsicht gegenüber der objektiven Gültigkeit ihrer Äußerungen angebracht sein. Um solche Parteilichkeit auszugleichen, verwendeten *Corneille* in „Cinna" und *Racine* in „Britannicus" jeweils zwei Vertraute, die für konträre Prinzipien und um die Seele des Helden kämpfen, ein Gegen- und Miteinander, das auch die Zweiteilung von Chören kennzeichnet. Die gegnerischen Vertrauten formulieren Argumente, aus denen der Zuschauer die Problematik und vielleicht auch deren Lösung ableiten kann.

Der *Berater und Raisonneur* findet sich auch in erzählender Dichtung. Der ein Einsiedlerleben führende frühere Ritter Alfonso in *Wielands* Versepos „Oberon" fungiert als Erzieher eines zu Keuschheit verpflichteten Liebespaares, und man kann hinter seinen von echter Humanität inspirierten Anleitungen und Urteilen sehr wohl die Mentalität des Autors erkennen. Meist sind Lenkerfiguren und wichtige Begegnungsgestalten als Personen höherer Wertigkeit profiliert. Dennoch ist es riskant, sie mit ihrem Schöpfer zu identifizieren, der möglicherweise proteushaft bald aus dieser, bald aus jener Figur spricht. Manche Äußerungen Mittlers in *Goethes* „Die Wahlverwandtschaften" scheinen des Dichters eigenen Standpunkt auszudrücken, und in der kühlen Kritik Jarnos an dem Theaterenthusiasten Wilhelm in „Wilhelm Meister" scheinen sich die oft unerfreulichen Erfahrungen des Bühnenleiters Goethe niederzuschlagen. Und doch zögert man, diese Gestalten als Sprachrohr des Dichters aufzufassen, denn dessen Absicht wird auch durch das Gegenspiel vertreten. Eher schon ist Goethes Stimme aus den Worten des „Lehrbriefs" zu vernehmen, der die Summe dessen zieht, was die Vertreter der Gesellschaft vom Turm und der höheren Lebensform, der Wilhelm zugeführt werden soll, dem Lernenden zu sagen haben. An den beiden Mentoren Settembrini und Naphta in *Thomas Manns* Roman „Der Zauberberg" ist trotz spürbarer Sympathien Manns für den liberalen Settembrini bald zu erkennen, daß keiner von beiden die letzte Wahrheit des von Mann Gemeinten in Händen hat, sondern daß ihr Zögling Hans Castorp über beide hinauswächst und selbst die Lösung findet, die Tod und Krankheit in ihrem Recht beläßt und doch dem Leben die Herrschaft zuerkennt: „Der Mensch soll um der Liebe und Güte willen dem Tode keine Herrschaft einräumen über seine Gedanken." Diese einzigen gesperrt gedruckten Worte des Romans stehen nach Ablauf von zwei Dritteln des Geschehens am Schluß von Castorps Traum im Schnee – sie dürften ins Zentrum des Themas treffen. Im allgemeinen kann der Grundsatz gelten, daß der Verlauf der Handlung der von der Figur geäußerten Meinung recht geben muß, wenn sie als Sprachrohr des Autors angesehen werden soll.

Im „Zauberberg" zieht der Held als Empfänger aller Lehren und Einflüsse aus eigener Erkenntnis das Resümee seines Bildungs- und Entwicklungsganges. Der Fall, daß eine Zentralfigur selbst das Thema formuliert, steht nicht vereinzelt. Der bekehrte Tyrann in *Schillers* auf langer Stofftradition aufbau-

---

Goethe: Wilhelm Meisters Lehrjahre (1795/96)

Lehrbrief:
… Nur ein Teil der Kunst kann gelehrt werden, der Künstler braucht sie ganz. Wer sie halb kennt, ist immer irre und redet viel; wer sie ganz besitzt, mag nur tun und redet selten oder spät. Jene haben keine Geheimnisse und keine Kraft, ihre Lehre ist wie gebackenes Brot schmackhaft und sättigend für *einen* Tag; aber Mehl kann man nicht säen, und die Saatfrüchte sollen nicht vermahlen werden. Die Worte sind gut, sie sind aber nicht das Beste. Das Beste wird nicht deutlich durch Worte. Der Geist, aus dem wir handeln, ist das Höchste. Die Handlung wird nur vom Geist begriffen und wieder dargestellt. Niemand weiß, was er tut, wenn er recht handelt, aber des Unrechten sind wir uns immer bewußt. Wer bloß mit Zeichen wirkt, ist ein Pedant, ein Heuchler oder ein Pfuscher. Es sind ihrer viel, und es wird ihnen wohl zusammen. Ihr Geschwätz hält den Schüler zurück, und ihre beharrliche Mittelmäßigkeit ängstigt die Besten. Des echten Künstlers Lehre schließt den Sinn auf, denn wo die Worte fehlen, spricht die Tat. Der echte Schüler lernt aus dem Bekannten das Unbekannte entwickeln, und nähert sich dem Meister.

ender Ballade „Die Bürgschaft" bekennt seine Einsicht, daß die Treue doch kein leerer Wahn sei. Der Held von *Franz Grillparzers* in der Tradition des Besserungsstücks stehendem Drama „Der Traum ein Leben" sieht selber ein, daß das wahre Glück irdischen Daseins in des Innern stillem Frieden und der schuldbefreiten Brust bestehe, und *Bert Brechts* Matti, der Knecht, wendet sich schließlich ab von seinem Herrn Puntila, der nicht der schlechteste war, aber dem als einem Herrn keine Träne nachzuweinen sei, weil alle Knechte einen guten Herrn finden werden, „wenn sie erst ihre eignen Herren sind". Wollte der Leser jedoch Bekenntnissen ähnlicher Schelme wie Matti im pikarischen Roman trauen und in ihrem Entschluß zur Weltabkehr einen Hinweis auf den Sinn der Handlung sehen, so wäre er in die Irre geführt, da dieser Entschluß nur eine Maskierung des Helden ist.

Symbolisch ausgedrücktes Thema

Ein spezifisch künstlerisches Verfahren, Sinn durch Text auszudrücken, ist dessen *Einkleidung ins Sinnbild*. Vorchristliche und christlich bestimmte Jahrhunderte verwendeten dafür vorrangig die durch die Religion für die von ihr vertretenen Werte geprägten Symbole, zu denen auch einige literatureigene Neuschöpfungen traten. Seit der Säkularisation des allgemeinen Denkens und der Literatur schufen sich die Autoren eine andere profane Symbolik, deren Bedeutung dem Leser zunächst unbekannt ist und die er entschlüsseln muß.

Das *Wesen des literarischen Symbols* ist in einem Maße *ambivalent*, wie es die bisher besprochenen thematischen Substanzen nicht sind, es erfüllt somit in einem hohen Grade die Qualität des Sinngehalts überhaupt. Das Symbol muß völlig in die im Werk dargestellte Handlung integriert sein, also als Ding oder Vorgang eine Rolle spielen, und es muß zugleich über die Handlung hinausweisen und die in ihr enthaltene und durch sie ausgedrückte Problematik oder Wahrheit sichtbar machen. Es ist konkret und abstrakt zugleich und somit *auf zwei Ebenen beheimatet*. Es läßt sich nicht aus dem Zusammenhang herauslösen wie kultisch oder politisch vorgeprägte Symbole, sondern ist nur innerhalb dieses Zusammenhangs funktional verwendbar und in seinem Verweisungscharakter verständlich. Man hat es im Unterschied zu den „descendierenden" kultischen Symbolen, die aus einer früher geglaubten höheren Wirklichkeit zum Symbol abgesunken sind und von dort her ihre Bedeutung mitbringen, „ascendierendes" Symbol genannt.

Symbol, von griech. symbolon = Kennzeichen, Merkmal; abgeleitet von symbállein = zusammenwerfen, zusammenschließen, vereinigen. Ursprünglich war das Symbolon ein Erkennungszeichen, bestehend aus Hälften eines Würfels, eines Rings oder einer Münze, die sich Gastfreunde und Partner beim Abschied teilten, um sich bei einer späteren Wiederbegegnung erkennen zu können, indem sie die Hälften aneinanderfügten. In der Gleichsetzung von Sachen mit Personen bzw. Vorgängen, hier auch von Zusammenfügen- mit Wiederfindenkönnen, also im „Zusammenfall" eines Zeichens mit anderem, erfüllt sich das Wesen des Symbols auch in seiner heutigen Bedeutung.

Mit der Beheimatung auf zwei Ebenen hängt der letztlich immer nur andeutende, letztlich *nicht ausdeutbare Charakter* des dichterischen Symbols zusammen. Sinnbild und Sinn decken sich nie ganz, das Symbol ist kein „Zeichen" für eine Sache, das mit dieser gleichgesetzt werden könnte. Es ist zugleich das, wofür es steht, oder doch ein Teil von ihm, durch eine Art von Synekdoche. Außerdem aber ist es mehr und anderes, nicht bestimmbar und nicht identifizierbar. Der Autor umspielt – häufig durch Heranziehung weiterer Symbole – das Symbol selbst und seine Bezüge zur Handlung durch immer neue Aspekte und gibt ihm auf diese Weise eine Variabilität, die seinen schillernden Charakter ausmachen. Dichten ist nach *A. W. Schlegel* „ein ewiges Symbolisieren". Wie keine andere thematische Komponente spricht es den Leser an und fordert seine Deutarbeit heraus.

Die Unbestimmbarkeit und Unausschöpfbarkeit unterscheidet das Symbol vor allem von der *Allegorie*, die rational entstanden und rational faßbar, bis in die Einzelzüge hinein auslegbar ist, wenn man ihren Schlüssel kennt. Da sie ein Denkbild ist, hat sie – von rein allegorischen Dichtungen des Mittelalters abgesehen – nie eine Funktion im Handlungszusammenhang, sondern ist auswechselbar gegen den ihr zugrunde liegenden Sinn. Auch der Vergleich und das Bild, die Metapher, sind nicht in den Text integriert, sind für dessen Zusammenhang entbehrlich, haben schmückenden Charakter, bieten Analogien, die das Bedeutungsfeld erweitern. Das Bild besitzt allerdings einen symbolischen Grundzug, kann also zum Symbolträger werden, es verhält sich zum Symbol wie der Zug zum Motiv. Das künstlerische Symbol ist von dem in der Psychoanalyse gebräuchlichen Begriff des Symbols zu unterscheiden, der eine Zeitlang Dichtung zum Material und Zweck der Psychologie zu degradieren drohte. So begrüßenswert die von der Psychoanalyse ausgegangenen Impulse für poetologische Einsichten waren, so ist doch die Autonomie des aus einer historischen Situation heraus bewußt geschaffenen, nicht der archaischen Sphäre des Unbewußten entsprungenen Kunstwerks und auch der Dichtungswissenschaft zu betonen. Auch die Methode, dichterische Symbole als Symptome einer – möglicherweise kranken – dichterischen Psyche zu deuten, ist nur mit Vorsicht anzuwenden.

Da die Bedeutung des Symbols in seinem Sein beruht, ist sie nicht willkürlich zuteilbar, sondern nur dort ansetzbar, wo ein Ding, eine Person, ein Vorgang schon auf der natürlichen und geschichtlichen Ebene einen Beziehungsbereich besitzt, der einen transzendenten Bezirk mitschwingen läßt. Füllbar-

Goethe: Maximen und Reflexionen, 1211:

Die Symbolik verwandelt die Erscheinung in Idee, die Idee in ein Bild, und so, daß die Idee im Bild immer unendlich wirksam und unerreichbar bleibt und, selbst in allen Sprachen ausgesprochen, doch unaussprechlich bliebe.

Allegorie, von griech. allegoría = bildlicher Ausdruck, in Bildkunst und Dichtung bildliche Darstellung eines abstrakten Begriffs oder eines Gedankenganges. Die Allegorie ist bis ins Detail hinein, das im Gedanklichen genaue Entsprechungen hat, festgelegt. Sie „bedeutet" nicht, wie das Symbol, das Gedachte, sondern sie ist mit ihm identisch.

keit, Transparenz, Doppeldeutigkeit verleihen Gegenständen wie Krug, Büchse, Haus, Nest und Schleier, Vorgängen wie Traum, Begegnung und Wiederkehr, Lebewesen wie Vogel und Fisch, elementarischen Erscheinungen wie Sturm, Nebel, Sonne, Mond und Sternen Eigenschaften, die zur Füllung mit Sinn anregen. Darauf beruht die Symbolkraft des Corpus delicti in *Kleists* Lustspiel „Der zerbrochene Krug". Entsprechend seinem Symbolgehalt auf dem für Kleist als stoffliche Quelle fungierenden Kupferstich symbolisiert der Krug zwar auch die verlorene jungfräuliche Ehre – „dein Name liegt in diesem Topf und vor der Welt mit ihm ward er zerstoßen" –, andererseits symbolisiert er doch wohl auch die Brüchigkeit der Rechtsprechung in den Händen eines strafwürdigen Richters, da ja des Mädchens Ehre gar nicht verlorenging und Frau Marthe trotz der Rehabilitierung ihrer Tochter mit ihrem zerbrochenen Krug zur nächsthöheren Instanz gehen und den Richter verklagen wird. Die Wildente in dem gleichnamigen Drama *Ibsens* fungiert ebenso auf zwei Ebenen, ist sowohl flügellahmes Tier als auch ambivalentes Symbol, das in den Augen der verschiedenen Personen eine jeweils andere Bedeutung annimmt und in dem sich alle durch den Inhalt ausgedrückten dialektischen Wertvorstellungen – Lüge und Wahrheit, Schein und Sein, kranke Staffage und heile Natur – wie in einem Brennpunkt vereinen. Der oben erwähnte Traum des Hans Castorp in Th. Manns Roman „Der Zauberberg", einerseits gefährliche Realität für den im Schneesturm Eingeschlafenen, enthält andererseits symbolisch und verkürzt ein Modell der Problematik des Romans und wirkt durch diese Sinnhaltigkeit wiederum auf die Entschlüsse und die weitere Entwicklung des Helden. Der Vogelflug symbolisiert zum Beispiel in *Dantes* „Göttlicher Komödie" das Leben, und der Mond ist durch die Jahrhunderte hin symbolträchtiges Motiv vor allem lyrischer Dichtung gewesen.

Wie alle thematischen Substanzen ist auch das Symbol nicht ein Baustein des Kunstwerks und deckt sich nicht mit eindeutig bestimmbaren Handlungsteilen, sondern es kann sowohl von dem Ganzen des Werks als auch von seinen Teilen, soweit sie die oben umrissene Qualifikation besitzen, repräsentiert werden. Der Werktitel kann durch seinen auf eine zweite Bedeutungsschicht verweisenden Charakter das Werk im vorhinein als doppeldeutig und symbolisch kennzeichnen und dieser Symbolcharakter durch weitere Verweise an verschiedenen Punkten des Textes wieder aufgenommen und erweitert werden. In *Stifters* „Der Nachsommer" wird das Thema der jahreszeitlichen sowie lebensaltermäßigen späten Milde in

Unter den zahlreichen Mondgedichten der Weltliteratur ist **Klopstocks** mit der Anrufung des Mondes eingeleitete Totenklage bezeichnend für den empfindsamen Zeitstil:

Die frühen Gräber

Willkommen, o silberner Mond,
Schöner, stiller Gefährte der Nacht,
Du entfliehst? Eile nicht, bleib, Gedankenfreund!

Des Mayes Erwachen ist nur
Schöner noch, wie die Sommernacht,
Wenn ihm Tau, hell wie Licht, aus der Locke träuft,
Und zu dem Hügel herauf rötlich er kömmt.

Ihr Edleren, ach es bewächst
Eure Male schon ernstes Moos!
O wie war glücklich ich, als ich noch mit euch
Sahe sich röten den Tag, schimmern die Nacht.

„Der zerbrochene Krug" (1756), Idylle von Salomon Geßner; Die Klage des Fauns um seinen zerbrochenen Krug, ein Stück Hausrat ohne tiefere Bedeutung, hier noch ohne jenen parodistischen Ton, auf den dann später Kleist die Klage der Marthe Krull in seinem Bühnenwerk stimmte:

......
Er ist zerbrochen, er ist zerbrochen, der schönste Krug, da liegen die Scherben umher!
Schön war mein Krug, meiner Höle schönste Zierde, und gieng ein Wald-Gott vorüber, denn rief ich: Komm, trink' und siehe den schönsten Krug. Zeus selbst hat bey dem frohesten Fest nicht einen schönern Krug.
Er ist zerbrochen, ach! er ist zerbrochen! der schönste Krug! Da liegen die Scherben umher.
Wenn bey mir die Brüder sich sammelten, dann sassen wir rings um den Krug! Wir tranken, und jeder der trank, sang die darauf gegrabene Geschichte, die seinen Lippen die nächste war. Izt [50] trinken wir nicht mehr, ihr Brüder! aus dem Krug, izt singen wir nicht mehr die Geschichte, die jedes Lippen die nächste ist;
Er ist zerbrochen, ach er ist zerbrochen, der schönste Krug! Da liegen die Scherben umher.
Denn auf dem Krug war gegraben, wie Pan voll Entsetzen am Ufer sah, wie die schönste Nymphe, in den umschlingenden Armen, in lispelnden Schilf sich verwandelte; Er schnitt da Flöten von Schilfrohr, von ungleicher Länge, und kleibte mit Wachs sie zusammen, und blies dem Ufer ein trauriges Lied. Die Echo horchte die neue Musik und sang sie dem erstaunten Hain und den Hügeln.
Aber er ist zerbrochen, er ist zerbrochen, der schönste Krug! Da liegen die Scherben umher.
Dann stund auf dem Kruge, wie Zeus, als weisser Stier, auf dem Rüken die Nymph' Europa auf Wellen entführte; Er lekte mit schmeichelnder Zunge der Schönen entblössetes Knie. Indeß [51] rang sie jammernd die Hände über dem Haupt, mit dessen lokichtem H aare die gaukelnden Zephire spielten, und vor ihm her ritten die Amors, lächelnd auf dem willigen Delphin.
Aber er ist zerbrochen, er ist zerbrochen, der schönste Krug! Da liegen die Scherben umher.
Auch war der schöne Bachus gegraben; Er saß in einer Laube von Reben, und eine Nymphe lag ihm zur Seite. Ihr linker Arm umschlang seine Hüften, den rechten hielt sie empor und zog den Becher zurück, n ach dem seine lächelnden Lippen sich sehnten. Schmachtend sah sie ihn an und schien ihn um Küsse zu flehen, und vor ihm spielten seine geflekten Tieger; schmeichelnd assen sie Trauben, aus den kleinen Händen der Amors! Aber er ist zerbrochen, er ist zerbrochen, der schönste Krug! Da liegen die Scherben umher. O klag es Echo dem Hain, klag es dem Faun in den Hölen! er ist zerbrochen, da liegen die Scherben umher.

„La Cruche cassée" (um 1775), Gemälde von Jean-Baptiste Greuze. Der zerbrochene Krug ist, einem biographischen Zeugnis zufolge, von Greuze als Symbol der verlorenen Unschuld gemeint gewesen und als solches auch aus der graziös-frivolen Darstellung des Mädchens zu erkennen.

allen Details durchgeführt, und in *James Joyces* „Ulysses" wird die Parallele zum mythisch-symbolischen Vorbild durch die gesamte Handlung immer wieder angespielt. Zitate und mehr oder minder deutliche Verweisungen auf andere Werke der Literatur infiltrieren Bedeutungssignale in den Gesamtaufbau, wie etwa die Liedzeilen „Ich denke dran, ich danke dir mein Leben, doch du Soldat, Soldat, denkst du daran?" in *Fontanes* Novelle „Irrungen, Wirrungen" oder die aus dem Text gar nicht zu eliminierenden, rückwärts und vorwärts weisenden Bibelzitate in *Thomas Manns* Roman

„Le Juge ou la cruche cassée", Kupferstich von Jean-Jacques Le Veau nach einem Gemälde von Jean-Philibert Debucourt (1782), Anstoß und Stoffgrundlage für Kleists Lustspiel „Der zerbrochene Krug" (1808) und die gleichnamige Novelle von Heinrich Zschokke (1813). Debucourt setzte das Momentbild seines Freundes Greuze in zwei Szenen um, deren erste, ein Gemälde und ein danach von ihm selbst gefertigter Stich mit dem Titel „Heur et malheur ou la cruche cassée", das Mädchen mit dem Burschen und dem zerbrochenen Krug am Brunnen darstellte und deren oben genannte zweite eine Gerichtsszene um das im Mittelpunkt stehende, offensichtlich schwangere Mädchen gestaltete; nur das zweite Bild haben Kleist und seine Freunde gekannt. Während Kleist sich von der nur-erotischen Symbolik entfernte, hat der Krug bei Zschokke gar keine tiefere Bedeutung.

Sprichwort:
„Der Krug geht so lange zu Wasser, bis er bricht."

P. A. C. de Beaumarchais: „Der tolle Tag" (1784)
Basilio:
„Der Krug geht so lange zu Wasser, bis – er voll ist."

„Joseph und seine Brüder", in dem auch das Nebeneinander zeitlich sowie sachlich getrennter Dinge und Ereignisse die sinngebende Wirkung verstärkt.

Mehrfach und an verschiedenen Stellen des Textes angebrachte Dingsymbole machen, Leuchtbojen ähnlich, den Leser auf ihre thematische Substanz aufmerksam. In diesem am häufigsten verwendeten Verfahren *beziehen die Symbole vom Leitmotiv ihren strukturierenden, rhythmisierenden und zugleich verbindenden Charakter.* Sie sind also eng auf die Form des Textes bezogen und von ihr abhängig, haben je-

doch über die leitmotivische hinaus sinnbildliche Funktion.
So begleitet das Rappenpaar des Roßtäuschers in *Kleists* „Michael Kohlhaas", im Anfang wohlgepflegt, dann verkommen und abgetrieben, schließlich wieder schmuck herausgefüttert, als Realität und Sinnbild zugleich den Weg des zum anarchischen Selbsthelfer absinkenden und schließlich zur Einsicht, aber auch zu seinem Recht gelangenden Mannes. Die Hinweise auf die sagenhaften Zusammenhänge des Stechlinsees mit weltgeschichtlichen Umwälzungen dienen einer symbolischen Grundierung der Geschichte des adligen Hauses Stechlin in *Fontanes* Roman um das Thema vom „Adel, wie er bei uns sein sollte und wie er ist". Die wiederholt auftauchenden Sendboten des Todes rhythmisieren in *Thomas Manns* „Der Tod in Venedig" die Geschichte des alternden Schriftstellers, der mit der Neigung zu einem schönen Knaben der Krankheit zum Tode verfällt.

Venedig ist ein in der Literatur wiederholt auftauchendes Symbol des Untergangs und des Todes. Unter dem Eindruck Venedigs entstand **August von Platens** Gedicht „Tristan":	Wer die Schönheit angeschaut mit Augen, ist dem Tode schon anheim gegeben, wird für keinen Dienst der Erde taugen, und doch wieder vor dem Tode beben, wer die Schönheit angeschaut mit Augen. ... Ach, er möchte wie ein Quell versiegen, jedem Hauch der Luft ein Gift entsaugen und den Tod aus jeder Blume riechen; wer die Schönheit angeschaut mit Augen, ach, er möchte wie ein Quell versiegen.

Es gehört zum Charakter des Symbols, daß es nicht nur wiederholt, sondern auch *variiert* auftaucht. Sein Sinn ist nie isoliert, sondern hängt, wie eben dargelegt wurde, mit dem Bewegungsablauf und der formalen Struktur des Textes zusammen. Es kann sich weiterer, untergeordneter und auf das Hauptsymbol hinzielender Symbole bedienen. Ein hervorragendes Beispiel für ein solches Symbolgewebe bietet *Wilhelm Raabes* Roman „Die Leute aus dem Walde – Ihre Sterne, Wege und Schicksale". Man hat häufig die Antithetik der Leitworte „Sieh nach den Sternen – Gib acht auf die Gassen" hervorgehoben, doch ergibt sich bei genauer Textanalyse, daß die Sterne das bei weitem wichtigere Symbol sind als deren notwendige Opposition der Gassen, auf die nur hin und wieder hingewiesen wird. Die Leute aus dem Walde – die drei aus der alten und die drei aus der jungen Generation – bekennen sich im Grunde alle zu der Devise „Sieh nach den Sternen", und dieses Thema wird sowohl in ihren Dialogen als auch im Erzählertext mit rund fünfzig Varianten entwikkelt, wobei der Begriff „Sterne" recht verschiedene Bedeutung annimmt. Sie sind zum einen die realen Gestirne am

Himmel, die der Astronom Ulex durch sein Gerät des Nachts beobachtet: sie „gehen ruhig ihren Gang und wie ihr Lauf bestimmt war". Dann aber haben sie die Bedeutung von Richtlinien, Idealen, zu denen eben aufzublicken sei und nach denen der Weg des Menschen sich richten solle: „Non est ad astra mollis e terris via." Diese Sterne sieht man „auch mit geschlossenen Augen", wer ihnen folgt, „mag wohl seinen Pfad mit Tränen nehmen müssen, aber es ist doch der rechte Weg; er führt in die Höhe", und „die rechten Sterne täuschen nicht". Die rechten müssen es sein, denn es gibt auch vergängliche Sternschnuppen und irreführende Sumpflichter, aber vor allem gerät auf Abwege, wer nur auf den Staub am Boden sieht. Schließlich nehmen die Sterne auch den Sinn von Schicksal an, es gibt „meine Sterne" und „unsere Sterne", sie können für den Menschen „eintreten", für ihn „sorgen", sie „wissen, daß es damals nicht anders sein konnte" und „wissen, daß es heute gut ist, wie es ist". Aus der irisierenden Vielseitigkeit des Stern-Symbols ergibt sich als thematische Einheit, daß die Sterne in unserer Brust, die Ideale, wenn wir ihnen nur mutig und unbeirrt folgen, mit den schicksalhaften Sternen über uns und ihren „Absichten" in Einklang gebracht werden, so daß wir eine Harmonie erreichen und in uns selbst ruhen, auch wenn wir scheitern sollten.

Immanentes Thema

Im Symbol gelangt das Thematische zu einer Ausprägung, mit der das sentenzenmäßige Formulieren des Gehalts, eines Teiles von ihm oder auch des Gegenwertes überwunden ist. Wenn man mit Emil Ermatinger das Thema (bei ihm die „Idee") als einen imaginären Punkt annimmt, der im Unsichtbaren wirkt, so kann man diesen nicht nur im Sinnbild, sondern in bzw. hinter den Personen und Handlungen verborgen denken und aufsuchen. Aus dem Geschehen selbst, aus der *Führung der Figuren,* ihren Auseinandersetzungen und Kämpfen, ihrem Durchstoßen oder Scheitern ist der Gehalt, das, worum es dem Dichter geht, zu ersehen. Freilich wird auch der Leser dort, wo der Dichter das Geschehen nicht zu einer Sentenz gerinnen läßt, selbst keine zitathafte Wendung finden können.

Schon am Beispiel der dialogischen Gefechte zwischen Settembrini und Naphta in *Manns* „Der Zauberberg" wurde klar, daß deren thematisches Destillat allenfalls den Umriß des dem Roman zugrunde liegenden Problems absteckt, das erst im Denken und Träumen des Helden Hans Castorp festere Konturen bekommt. Wesentlich schwieriger ist eines

Ermatinger, *Emil* (1873–1953), schweizerischer Literarhistoriker, einer der Hauptvertreter der geisteswissenschaftlichen Richtung.

Hauptwerke:
Das dichterische Kunstwerk, 1921; Barock und Rokoko in der deutschen Dichtung, 1926; Deutsche Kultur im Zeitalter der Aufklärung, 1935; Deutsche Dichter von 1700 bis 1900, 1948/49.

Autors Meinung zu erkennen, wenn nicht die Confidents und Begegnungsfiguren aus überlegenem Standpunkt, sondern die Hauptpersonen selbst aus ihrem subjektiven Horizont die dialektische Auseinandersetzung des Themas entwickeln. Karl und Franz Moor, Rebell und Tyrann, Idealist und Materialist, jeder die Verkörperung einer psychologischen Komponente des Autors *Schiller,* entwickeln gegeneinander und doch nie sich begegnend, monologisch ihre Lebensgrundsätze, wobei Prinzipien des negativ gezeichneten Franz zur Motivierung seiner Handlungen klarer zum Ausdruck gebracht werden als die Karls, bei dem die Sympathien des Autors liegen, obwohl er durch seine Anmaßung, selbsthelferisch die Sozialordnung korrigieren zu wollen, zum Tyrannen und Verbrecher wird. In beider Tod zeigt sich die Bewertung ihres Strebens: Franz erhängt sich in panischer Angst vor irdischer und himmlischer Strafe, Karl löst sich von den Gefährten seines Unrechts und bietet sich als Sühneopfer für seine Untaten an.

Schiller: Wallensteins Tod II, 7.

Max Piccolomini zu seinem Vater:

Dein Weg ist krumm, er ist der meine nicht.
O, wärst du wahr gewesen und gerade,
Nie kam es dahin, alles stünde anders!
Er hätte nicht das Schreckliche getan;
Die Guten hätten Kraft bei ihm behalten,
Nicht in der Schlechten Garn wär' er gefallen.

Warum so heimlich, hinterlistig laurend,
Gleich einem Dieb und Diebeshelfer schleichen?
Unsel'ge Falschheit! Mutter alles Bösen!
Du jammerbringende, verderbest uns!
Wahrhaftigkeit, die reine, hätt' uns alle,
Die welterhaltende, gerettet. Vater!
Ich kann dich nicht entschuldigen, ich kann's nicht.
Der Herzog hat mich hintergangen, schrecklich;
Du aber hast viel besser nicht gehandelt.

Wesentlich ausgewogener stellen sich gegensätzliche Positionen im Werk des reifen Schiller dar. Mit dem Realismus, den er im Zeitpunkt des Entstehens der Wallenstein-Trilogie anstrebte, ist sowohl den Handlungen Wallensteins als auch denen seines Gegners Octavio ein positives, rechtliches Moment beigegeben: Der Hochverräter Wallenstein verrät Kaiser und Reich nicht nur aus Groll gegen Habsburg, aus Ehrgeiz und Machtwillen, sondern auch in der Absicht, den Krieg zu beenden, Deutschland zu einen und Europa zu befrieden, und Octavio spinnt den Verrat an dem ihm blind vertrauenden Freunde nicht nur als kaltherziger Intrigant, sondern auch als ehrlicher und überzeugter Anhänger des Kaisers. Beide haben ihren Obolus an den Verrat schon gezahlt, als die Handlung beginnt, sie können aus ihrer Rolle nicht mehr aussteigen und erwarten doch, Max, die Verkörperung der absoluten Sittlichkeit und ihres besseren Selbst, auf ihrer Seite zu finden. Beide erhalten ihren Lohn mit der Entscheidung und dem Schicksal von Max, durch die sie verurteilt werden, noch ehe der Lauf der Handlung sie verurteilt: Wallenstein zum Tode

durch Verrat und gedungene Mörder, Octavio zur Erhebung
in den Fürstenstand, den er niemandem mehr vererben kann.

Kleist bietet für das Thema seines „Prinz Friedrich von
Homburg" eine wieder andere Personenführung auf. Geeint
in der Hingabe an das Vaterland und der Würdigung männ-
lich-soldatischer Tugenden stehen der Prinz und sein väterli-
cher Freund, der Kurfürst, am Beginn der Handlung. Dann
reißt die in blindem, ja verblendetem Eifer begangene Eigen-
mächtigkeit des Prinzen eine tiefe Kluft zwischen ihnen auf:
Der Prinz steht für das Recht des Individuums, der Kurfürst
für die Pflicht und ein Gesetz, das den Prinzen des Todes
schuldig spricht. Doch der Kurfürst ist kein Tyrann, nicht der
Dey von Tunis, er weiß, noch ehe ihn seine Offiziere darauf
hingewiesen haben, daß der Buchstabe seines Willens nicht
das oberste Gesetz ist, und kann daher die Entscheidung über
des Prinzen Schicksal in dessen eigenes Ermessen legen. Da
dieser nun kein Rebell ist, sondern nur ein zuerst durch
Glücksüberschwang, dann durch Todesfurcht verstörter
Träumer, vermag er sich des Vertrauens würdig zu erweisen,
seine Lebensansprüche zurückzunehmen und sich dem
Spruch des Gesetzes zu unterwerfen. Der Gang der Handlung führt im versöhnlichen Ausgang zu der anfänglichen
Harmonie zurück, die jedoch durch die beiderseitige Prüfung
an Dignität gewonnen hat.

Bezüglich epischer Werke seien Texte vorgestellt, in denen
der Erzähler und sein Kontext möglichst weit hinter dem
scheinbar objektiv wiedergegebenen Geschehen zurücktre-
ten. In *C. F. Meyers* „Die Hochzeit des Mönchs" und in
Thomas Manns „Der kleine Herr Friedemann" verläuft die
Handlung im Grunde einsträngig. Trotz eines Aufgebots von
mehreren prägnanten Figuren entfaltet sich das Thema von
Meyers Novelle nur aus dem Charakter und dem Schicksal
des Mönchs, die übrigen Personen geben nur Stichworte und
Anstöße zu dessen Entwicklung, und der Erzähler in der
Rahmenhandlung, Dante, weist nur hin, wirft Fragen auf,
entscheidet nicht. In dem Mönch, der, wenn auch auf dringli-
ches Bitten des Vaters und mit Erlaubnis der Kirche, sein Ge-
lübde bricht, um das Fortbestehen der Familie zu ermöglichen, überfluten die nicht mehr durch den Wall der
Ordensregeln zurückgehaltenen Instinkte alle Einsichten und
guten Vorsätze, sein haltloser Charakter ist schutzlos dem
Ansturm der Leidenschaften preisgegeben. Dem erzwunge-
nen Bruch des einen Gelübdes folgt der freiwillige des er-
zwungenen Verlöbnisses, die vernunftgebotene Bindung an
die Frau des ertrunkenen Bruders wird zerrissen durch die
schicksalhaft andringende Liebe zu deren Gegnerin. Der am

Beginn stehende Untergang des Bootes mit der Hochzeitsgesellschaft deutet symbolisch den Umschlag von höchster Lebensfreude in Verderben und Tod an, und in dem unseligen Hochzeitsfest des Schlusses verwirklicht sich erneut der Sog der Untergangs, gegen den alle restaurierenden Schachzüge machtlos sind. Die asketische Haltung bricht nicht nur vor der Macht der Triebe zusammen, sie hat den Menschen auch der Fähigkeiten beraubt, sie in normale Bahnen zu lenken. Trotz des so anderen Milieus scheint das Thema von Manns Novelle „Der kleine Herr Friedemann" mit dem der vorigen verwandt. Friedemann, als Kind durch ein Unglück zum Krüppel geworden, hat sich notgedrungen ein Leben voll strenger Askese auferlegt und in den Künsten Ersatzbefriedigung gefunden; da packt ihn die Leidenschaft zu einer verführerischen Frau und schwemmt alle Einsicht und Genügsamkeit davon. Durch die Abweisung, die er von der mit ihm nur spielenden Verführerin erhält, empfindet er sein Leben als sinnentleert und sucht den Tod im Wasser. Die Folgen einer plötzlichen Freilassung der Triebe sind ähnlich, ob sie nun einem höheren Dienst aufgeopfert oder nur einem notwendigen Zwang unterworfen worden waren. Bis hierher reicht eine gewisse gedankliche Verwandtschaft der beiden Texte. Für das Thema aber ist entscheidend, daß es sich bei Meyer um ein im Religiösen wurzelndes Problem, bei Mann jedoch um die realistische Darstellung einer Frustrierung handelt.

Thema als Exponent eines Gesamtwerkes, Problematik von Themengeschichte

Die verschiedenen Möglichkeiten, Thematisches durch den Text auszudrücken, sind in großen Zügen abgeschritten worden. Es zeigt sich, daß der Gehalt tatsächlich nicht eine besondere Schicht des Kunstwerks bildet, sondern seine Ansatzpunkte an verschiedenen Stellen der stofflich-formalen Gesamtstruktur findet. Es ist ferner ersichtlich, daß die vier aufgezeigten Möglichkeiten der Gehaltsvermittlung nicht getrennt, sondern im Verbund wirken, wobei der Autor nach Belieben auf die eine oder die andere Möglichkeit verzichten kann. Es ist schon angemerkt worden, daß z. B. in *Thomas Manns* „Der Zauberberg" figurativ und symbolisch ausgedrückter Gehalt zusammenwirken. Zu dem Symbolgewebe in *Raabes* „Die Leute aus dem Walde" treten große thematische Partien, die den beiden Mentoren in den Mund gelegt werden, und zum Schluß mündet das Thema in eine Formulierung durch den Erzähler.

Hermeneutik, die auf der Strukturanalyse eines Textes aufbaut, kann dadurch ergänzt werden, daß man auch andere Texte des gleichen Autors heranzieht. Schon die Motivanalyse gewinnt an Basis, wenn sie in anderen Werken des Autors etwa vorhandene Motivvarianten aufspürt. Da es sich bei der thematischen Substanz um den *Niederschlag der Empfindungs- und Gedankenwelt eines Autors* handelt, muß hinter ihr die Einheit der Persönlichkeit im Auge behalten werden. Hier soll keineswegs *Emil Ermatingers* Behauptung wiederholt werden, daß es im Leben und Werk eines Dichters nur *eine* Idee gebe, und eher vor unangemessenen Reduktionen gewarnt sein. Eine gewisse Begrenzung des Problemkreises ist jedoch durch Anlagen und Entwicklungsgang des Autors vorgezeichnet, auch wenn dieser im Laufe eines Lebens in verschiedener Beleuchtung erscheint und durch Inversion der Motive eine andere, entgegengesetzte thematische Akzentuierung entstehen kann. So ist die Thematik von *C. F. Meyers* „Die Hochzeit des Mönchs" im Rahmen des bei Meyer im-

Conrad Ferdinand Meyer:
Huttens letzte Tage (1871)

Luther

...

Je schwerer sich ein Erdensohn befreit, je mächtger rührt
                                    uns seine Menschlichkeit.

Der selber ich der Zelle früh entsprang, mir graut, wie lang
                                    der Luther drinnen rang!

Er trug in seiner Brust den Kampf verhüllt, der jetzt der Erde
                                    halben Kreis erfüllt.

Er brach in Todesnot den Klosterbann – das Größte tut nur,
                                    wer nicht anders kann.

...

mer wieder auftauchenden Motivs vom „entkutteten Mönch" zu sehen, das tief in Meyers Lebensproblematik wurzelt. Die Verpflichtung zu asketischer, der Religion, dem Geiste, dem Werk hingegebener Haltung und der dieser widerstreitende Anspruch auf Lebensgenuß ziehen sich durch sein gesamtes Werk und gelangen zu Lösungen, in denen die Flucht aus dem „Kloster" zum Scheitern, aber auch zur Lebenserfüllung führen kann. Die beiden einleitenden Gedichte in der Sammlung seiner Lyrik, „Fülle" und „Das heilige Feuer", sind Ausdruck dieser Dialektik. Das warnende Beispiel des „ungetreuen Wächters" der heiligen Flamme blieb dem Dichter, der sich selbst als entkutteten Mönch auffaßte, immer lebendig. Ein moderner französischer Interpret formulierte als Thema von Meyers novellistischem Gesamtwerk die Frage: „Wie kann man leben, ohne Christus zu verraten?" – und faßte die einzelnen Novellen als Varianten dieses Themas auf.

Man kann es weniger religiös formulieren, wobei im Auge behalten werden muß, daß bei Meyer die christliche Komponente bedeutend ist, und fragen: „Wie kann man leben, ohne die heilige Flamme des Geistes zu verraten?" Gerade von diesen Abstraktionen her wird abermals die Parallelität und Verschiedenheit des Themas von *Thomas Manns* „Der kleine Herr Friedemann" deutlich, das nicht nur äußerlich völlig säkularisiert erscheint, sondern auch aus einer anderen Wurzel kommt. In dieser Novelle, Manns Erstling, ist bereits eine Dialektik angeschlagen, die eine Grundkomponente seines Gesamtwerks werden sollte und bald danach in „Tonio Kröger" voll entwickelt erscheint, nämlich der Gegensatz: Moralismus der Leistung – Leben in seiner verführerischen Banalität, Künstler – Bürger, also eine letztlich soziologische Thematik.

Es erhebt sich die Frage, ob sich die Themenforschung zu einer *Themengeschichte* aufstocken lasse und, wie die Stoff- und Motivgeschichte, Entwicklungsreihen liefern könne. Bisherige Versuche auf diesem Gebiet befriedigten nicht. Das Thema sei, wurde mit Recht eingewendet, eine so wenig fixierbare Wirklichkeit, daß es unter dem Zugriff zerflattere. Fixierbar sind Details wie die Symbole, in denen sich Thematisches auskristallisiert. Sie lassen sich sehr wohl in eine geschichtliche Entwicklung stellen, weil in ihnen das Thema bildliche Gestalt angenommen hat, Symbole mit einem Teil ihres Wesens dem stofflichen Bereich angehören. Da sie von ihrer natürlichen und geschichtlichen Ebene her einen bestimmten Beziehungs- und Deutungsbereich besitzen, der nicht willkürlich überschritten werden kann, zeichnet sich eine oft sehr weit zurückreichende Tradition ihrer Verwendung ab. Ihr Vorhandensein in einem Text berechtigt jedoch nicht dazu, auf Gleichheit des Themas mit einem anderen, in dem es ebenfalls eine Rolle spielt, zu schließen, denn Symbole wie Wanderer, Reiter, Schiff und Vogel haben eine so breite konnotative Streuung, daß sie in Texten ganz verschiedenen Gehaltes vorkommen können. Ähnlich verhält es sich mit den ein Thema tragenden Motiven, auf deren Identität sich sogenannte Themengleichheit meist reduziert.

Die sich einem chronologischen Längsschnitt entziehende Qualität des Themas entspringt eben jener Ambiguität und Inkommensurabilität, die aufzuzeigen versucht worden ist. Will man thematische Einheiten formulieren, die eine gewisse die Jahrhunderte durchziehende Konstanz versprechen, so muß man das thematische Gefäß sehr umfassend anlegen und damit riskieren, daß sich in ihm eine Fülle von Werken unterbringen läßt, die über das Thema etwa der

Treue, des Neides, des Todes hinaus kaum mehr als flüchtige Berührungspunkte untereinander aufweisen, bei denen also eine „Ähnlichkeit" nicht ins Auge springt. Präzisiert man dagegen den Gehalt nach Art der Themen, wie sie vorstehend für einzelne Werke formuliert worden sind, etwa für den „Stechlin" *Fontanes* mit „Der Adel, wie er bei uns sein sollte und wie er ist" oder für *Manns* „Der Zauberberg" mit dem Satz „Der Mensch soll um der Liebe und Güte willen dem Tode keine Herrschaft einräumen über seine Gedanken", so würde man außerhalb der übrigen Werke der beiden Autoren kaum einen Text finden, in dem diese Themen anklingen und die man den genannten Romanen an die Seite stellen könnte.

Als der Komparatist *Hellmuth Petriconi* zu Beginn der fünfziger Jahre seine fruchtbare Idee einer „Literaturgeschichte als Themengeschichte" in die literarwissenschaftliche Forschung einbrachte, dachte er wohl weniger daran, neben die beiden traditionellen inhaltlichen Faktoren Motiv und Stoff einen dritten, das Thema, zu stellen, sondern es ging ihm darum, daß er den eigentlichen historischen Zusammenhang literarischer Werke, den historischen Verlauf dieser Kunstgattung, nicht in der Aneinanderreihung von Dichterbiographien, auch nicht in den räumlich-nationalen Beziehungen gesehen wissen wollte, sondern in ihren gedanklichen Gemeinsamkeiten, die auch zeitlich und räumlich weit auseinander liegende Werke miteinander verbinden und vergleichbar machen. Er sprach von literarischen „Konstanten", die ein Ausdruck menschlicher Vorstellungen, Empfindungen und Strebungen seien. Dabei gelangte auch er zu der oben dargelegten Notwendigkeit, daß allgemeine thematische Begriffe präzisiert und eingeschränkt werden müssen, um eine vergleichende themengeschichtliche Behandlung zu rechtfertigen. Da er aber weniger an strukturellen inhaltlichen Faktoren als an der Variation der durch sie ausgedrückten Grundvorstellungen interessiert und wohl auch bestrebt war, nicht in die Bahnen der Geistesgeschichte zurückzufallen, hat er mehrfach zu stark nach der situationshaften Seite des Motivs hin präzisiert, und so kommt es bei ihm zu einer gewissen Unschärfe der Trennung zwischen Motiv und Thema. Petriconis so geist- und kenntnisreiche Arbeiten über die „verführte Unschuld" und die „verschmähte Astarte" sind im Grunde motivgeschichtliche Arbeiten, und das gleiche gilt auch wohl für den „Verzicht auf Liebe", d. h. den freiwilligen Verzicht im Sinne der Goetheschen „Entsagung", obgleich hier das ethisch-gedankliche Moment etwas stärker in die Waage fällt. In anderen Fällen hat er das Thema wiederum so unpräzis gefaßt, daß der Eindruck der Themengleichheit

Petriconi, *Hellmuth*
(1895–1965), Romanist, Komparatist, seit 1945 o. Prof. an der Universität Hamburg, seit 1960 Mitglied der Akademie der Wissenschaften in Göttingen. Gründete die „Romanistischen Jahrbücher".

Hauptwerke:
Die spanische Literatur der Gegenwart seit 1870, 1926; Über die Idee des Goldenen Zeitalters als Ursprung der Schäferdichtung Sannazaros und Tassos, 1930; Die verführte Unschuld, 1953; Das Reich des Untergangs, Bemerkungen über ein mythologisches Thema, 1958; Metamorphosen der Träume. Fünf Beispiele zur Literaturgeschichte als Themengeschichte, (postum) 1971.

Spätromantische Variante des Untergangs-Themas, einer „Projektion unseres eigenen individuellen Willens zum Tode" (Petriconi).

Richard Wagner: Die Walküre II, 2

Wotan:

Der Fluch, den ich floh, nicht flieht er nun mich:
Was ich liebe, muß ich verlassen,
morden, wen je ich minne,
trügend verraten, wer mir traut!
Fahre denn hin, herrische Pracht,
göttlichen Prunkes prahlende Schmach!
Zusammenbreche, was ich gebaut!
Auf geb ich mein Werk; nur eins will ich noch:
das Ende, das Ende!

...

So nimm meinen Segen, Niblungen-Sohn!
Was tief mich ekelt, dir geb ich's zum Erbe,
der Gottheit nichtigen Glanz:
zernage ihn gierig dein Neid!

Olrik, *Axel* (1864–1917), dänischer Altertumsforscher, Prof. in Kopenhagen, bedeutender Essayist. Setzte die Herausgabe von Grundtvigs Sammlung altdänischer Volkslieder fort.

Hauptwerke:

Ragnarök, 1902, dt. v. W. Ranisch 1922; Nordisches Geistesleben in der Vikingerzeit, 1907, dt. v. W. Ranisch ²1925; Epische Gesetze in der Volksdichtung, 1908, dt. 1909.

nicht zwingend hervortritt, z. B. im Falle von „Der Tod des Helden", oder er hat den thematischen Raster so grob genommen, daß er beispielsweise im Falle der Fortsetzbarkeit der Abenteuer bei bestimmten Erzählwerken nicht zu Unrecht selbst befürchtete, es handele sich nicht um das „Thema, sondern um das Schema einer Komposition".

Voll erfüllt ist wohl Petriconis Konzeption bei der Untersuchung über „Die verlorenen Paradiese" und über „Das Reich des Untergangs", weil es sich bei beiden um einen ganzen Motivverbund handelt, dessen Klammer jedoch nicht ein Handlungszusammenhang, ein Stoff, sondern ein Vorstellungsbereich menschlicher Phantasie ist, ein mythisches Thema, mit dem sich eine Reihe von Motiven fast automatisch assoziieren. Es ist erstaunlich, wie hier eine Gruppe von Werken Wagners, Zolas, Spenglers, Barrès', Kubins, Thomas Manns als thematisch verwandt vor Augen tritt, teils in direkter Filiation, teils durch die thementragenden Motive spontan verbunden, und wie Petriconi hinter ihnen die mythischen Urbilder von Sodom und Gomorrha und dem Untergang des antiken Rom aufscheinen läßt. Es wäre interessant, festzustellen, ob das von *Axel Olrik* in dem mythenvergleichenden Werk „Ragnarök" gesammelte motivliche Material aus Untergangsmythen mit dem in Petriconis Arbeit sichtbar werdenden archetypischen Modell in Deckung gebracht werden könnte. Allerdings hat Petriconi hier kaum einen thematischen Längs-, sondern fast einen Querschnitt gegeben, denn die von ihm untersuchten Werke gehören der gleichen, wenn auch ziemlich weit gespannten Epoche des Fin de siècle an, die von Endzeit- und Untergangsvisionen beherrscht wurde, und sie stehen zum Teil in Beziehung oder Abhängigkeit zueinander. Mit welcher Kenntnis hier historisch-biographische Fakten als Belege für die Ursachen solcher „Ähnlichkeiten" eingebracht worden sind, fällt besonders bei einem Vergleich mit einer Untersuchung zu dem gleichen Endzeit-Thema auf, die diese überzeugende Detailarbeit vermissen läßt.

Trotz eindrucksvoller Ergebnisse läßt auch Petriconis Ansatz zu einer Literaturgeschichte als Themengeschichte das Problematische des eingeschlagenen Weges erkennen, und es wird noch deutlicher, wenn der Untersuchungsgegenstand sich nicht so günstig zeigt wie „Das Reich des Untergangs". Dieser Problematik kann dadurch ausgewichen werden, daß man die verklammernde Formulierung eines gemeinsamen Themas überhaupt vermeidet und einfach eine Anzahl von Autoren – beispielsweise moderne französische Schriftsteller – als Exponenten einer Epoche nebeneinanderstellt und die herausragenden Begriffe und Bilder ihrer Texte wie mit einem Sieb abschöpft, das Ergebnis aber als Vielfalt offenhält. Für ein bestimmtes Gesamtwerk ergaben sich dann folgende Sinntupfen: „Gegen Tag. Das Sein, der Grund des Tages. Der Tag ist hier und dort unten. Verwandlung: Die Dunkelheit des Tages. Figuren des Widerstandes: Die Wand, das Eis, die Luft, der Atem … " Damit war eine vorschnelle Vergewaltigung der gehaltlichen Zusammenhänge vermieden und nur eine Art Katalog zu möglicher Weiterarbeit angeboten. Geht man jedoch auf Petriconis Weg konsequent weiter und versucht, eine größere Anzahl literarischer Werke in sowohl synchronischem wie diachronischem Überblick einem thematischen Stichwort zuzuordnen, so erweist sich die entsprechende Themenformel nicht selten als ein zwangvolles Sammelbecken literarischer Produkte, die für den Nichtvoreingenommenen kaum Verwandtschaft aufweisen. Weder paraphrasierende Übergänge zur Herstellung von Konstanz eines bestimmten Sinngehalts noch die unverbundene Nebeneinanderstellung von Beispielen nach Art eines Zettelkastens tragen zur Überwindung der Problematik bei. Es dürfte schwerfallen, dem Interpreten die Gleichheiten und Ähnlichkeiten von Werken nachzuempfinden, die von ihm unter dem weitmaschigen Thema „Prüfung und Bewährung" zusammengestellt wurden, nebst anderen Shakespeares „Othello" und „König Lear", Abbé Prévosts „Manon Lescaut", Lessings „Emilia Galotti", Goethes „Egmont" und „Torquato Tasso", Schillers „Wallenstein", Stifters „Abdias" und „Das alte Siegel", Storms „Der Schimmelreiter", Brechts „Leben des Galilei", Bölls „Billard um Halbzehn" – „Prüfung und Bewährung" ist eben, um mit Fontane zu reden, „ein zu weites Feld". Auch die Gleichheit der Motive, die zur Stützung der Themengleichheit herangezogen wird, ist kein sicheres Indiz, da Motivgleichheit nicht Themengleichheit garantiert, zumal wenn es sich nicht um echte Motive, sondern um Symbole oder lediglich Bilder handelt.

Das Thema ist der individuellste Bezirk des Textes. Nach den bisherigen Ergebnissen einiger weniger Versuche auf dem Gebiet der vergleichenden Themengeschichte widersetzt sich die spezifische Qualität des Themas in der Regel der doch immer entindividualisierenden Eingliederung in einen diachronischen Längsschnitt und der Summierung zur Geschichte. Damit bliebe die aus geschichtlichem Denken erwachsene Literaturwissenschaft des späten 19. Jahrhunderts mit ihrer Erkenntnis im Recht, daß die historischen Aspekte der Inhaltsforschung bei den eindeutig fixierbaren, an Gegenstände, Personen und Sachverhalte gebundenen Elementen Motiv und Stoff liegen.

(In chronologischer Ordnung, die einen Überblick über die Entwicklung des Forschungszweiges ergibt)

Dilthey, W.: Die Einbildungskraft des Dichters. Bausteine für eine Poetik. In: Philosophische Aufsätze, Ed. Zeller zu seinem 50. Doktorjubiläum, 1887.

Bolte, J./ G. Polivka: Anmerkungen zu den Kinder- und Hausmärchen der Brüder Grimm, 4 Bde., 1913–1932.

Sperber, H./L. Spitzer: Motiv und Wort. Studien zur Literatur- und Sprachpsychologie, 1918.

Ermatinger, E.: Das dichterische Kunstwerk, 1921, ³1939.

Körner, J.: Erlebnis – Motiv – Stoff. In: Vom Geiste neuer Literaturforschung, Festschr. f. O. Walzel, hrsg. J. Wahle u. V. Klemperer, 1924

Unger, R.: Literaturgeschichte als Problemgeschichte, 1924.

Christensen, A.: Motif et thème. Plan d'un dictionnaire des motifs de contes populaires, de légendes et de fables, Helsinki 1925.

Petsch, R.: Gehalt und Form. Gesammelte Abhandlungen zur Literaturwissenschaft und zur allgemeinen Geistesgeschichte, 1925.

Walzel, O.: Gehalt und Gestalt im Kunstwerk des Dichters, 1925.

Pongs, H.: Das Bild in der Dichtung. Bd. 1: Versuch einer Morphologie der metaphorischen Formen, 1926, ³1967; Bd. 2: Voruntersuchungen zum Symbol, 1939, ³1967.

Walzel, O.: Das Wortkunstwerk, 1926.

Petersen, J.: Nationale oder vergleichende Literaturgeschichte? In: DVjs 6, 1928.

Sauer, E.: Die Verwertung stoffgeschichtlicher Methoden in der Literaturforschung. In: Euphorion 29, 1928.

Propp, V. J.: Morphologie des Märchens, 1928 (dt. Übs. 1972).

Ermatinger, E.: Die Idee im Dichtwerk. In: Blätter f. dt. Philosophie, Bd. 2, 1928/29.

Thompson, St.: Motif-Index in Folk-Literature, Kopenhagen 1932 ff, ²(6 Bde.) 1955–1958.

Petersen, J.: Die Wissenschaft von der Dichtung, 1939, ²1944.

Petsch, R.: Deutsche Literaturwissenschaft, 1940.

Wellek, R./A. Warren: Theory of Literature, New York 1940 (dt. zuletzt 1972).

Rotunda, D. R.: Motifindex of the Italian Novella in Prose, Bloomington 1942.

Kayser, W.: Das sprachliche Kunstwerk, 1948, ¹⁴1969.

Emrich, W.: Symbolinterpretation und Mythenforschung. Möglichkeiten und Grenzen eines neuen Goetheverständnisses. In: Euphorion 47, 1953; erneut in: W. E.: Protest und Verheißung, 1960.

Wellek, R.: The Theory of Comparative Literature. In: Yearbook of Comparative and General Literature 2, 1953.

Tindall, W. Y.: The Literary Symbol, Bloomington 1955.

Levin, H.: Symbolism and Fiction, Charlottesville 1956.

Rosteutscher, J.: Das ästhetische Idol im Werke von Winckelmann, Novalis, Hoffmann, Goethe, George und Rilke, 1956.

v. Beit, H.: Symbolik des Märchens, 2 Bde., 1952 u. 1956, Registerbd. 1957.

Petriconi, H.: Das Reich des Untergangs. Bemerkungen über ein mythologisches Thema, 1958.

Kahler, E.: The Nature of the Symbol. In: Symbolism in Religion and Literature, hrsg. R. May, New York 1960.

Krogmann, W.: Motiv. In: Reallexikon d. dt. Literaturgeschichte ²II, 1961.

Frenzel, E.: Stoffe der Weltliteratur, 1962, ⁴1976.

Rüdiger, H.: Nationalliteraturen und europäische Literatur. Methoden und Ziele der vergleichenden Literaturwissenschaft. In: Schweizer Monatshefte 42, 1962.

Frenzel, E.: Stoff-, Motiv- und Symbolforschung, 1963, ⁴1978.

Sørensen, B. A.: Symbol und Symbolismus in den ästhetischen Theorien des 18. Jahrhunderts und der deutschen Romantik, Kopenhagen 1963.

Trousson, R.: Plaidoyer pour la Stoffgeschichte. In: Revue de Littérature comparée XXXVIII, 1, 1963.

Ders.: Un Problème de littérature comparée: les études de thèmes, Essai de méthodologie, Paris 1965.

Frenzel, E.: Stoff- und Motivgeschichte, 1966, ²1974.

Pichois, C./ A.-M. Rousseau: La Littérature comparée, Paris 1967 (dt. 1971).

Jeune, S.: Littérature générale et littérature comparée, Paris 1968.

Levin, H.: Comparing the Literature. In: Yearbook of Comparative and General Literature 17, 1968.

Ders.: Thematics and Criticism. In: The Disciplines of Criticism, ed. by P. Demetz, Th. Greene, L. Nelson, New Haven and London, 1968.

Weisstein, U.: Einführung in die vergleichende Literaturwissenschaft, 1968.

Beller, M.: Von der Stoffgeschichte zur Thematologie. In: Arcadia 5, 1970.

Petriconi, H.: Metamorphosen der Träume. Fünf Beispiele zu einer Literaturgeschichte als Themengeschichte. Mit einem Nachwort von M. Kruse, 1971.

Pollmann, Leo: Literaturwissenschaft und Methode, 1971, ²1973.

Doležel, L.: From Motifemes to Motifs. In: Poetics 4, 1972.

Lotman, J. M.: Die Struktur literarischer Texte. Dt. Übs. von R.-D. Keil, 1972.

Ďurišin, D.: Vergleichende Literaturforschung. Dt. vertiefte u. erweiterte Fassung, 1972.

Bisanz, A. J.: Zwischen Stoffgeschichte und Thematologie. Betrachtungen zu einem literarhistorischen Dilemma. In: DVjs. 47, 1973.

Knapp, G. P.: Stoff – Motiv – Idee. In: H. L. Arnold/V. Sinemus [Hrsg.]: Grundzüge der Literatur- und Sprachwissenschaft I, 1973.

Levin, H.: Motif. In: Ph. P. Wiener [Hrsg.]: Dictionary of the History of Ideas III, New York 1973.

Prawer, S. S.: Comparative Literary Studies, London 1973.

Jost, F.: Introduction to Comparative Literature, Indianopolis and New York 1974.

Daemmrich, H. S.: Literaturkritik in Theorie und Praxis, 1974.

Lotman, J. M.: Die Analyse des poetischen Textes. Dt. Übs. von R. Grübel, 1975.

Bisanz, A. J.: Stoff, Thema, Motiv. Zur Problematik des Tranfers von Begriffsbestimmungen zwischen der englischen und deutschen Literaturwissenschaft. In: Neophilologus LIX. 1975.

Frenzel, E.: Motive der Weltliteratur, 1976, ²1980.

Dyserink, H.: Komparatistik. Eine Einführung, 1977.

Schmid, W.: Der ästhetische Inhalt (Utrecht Slavic Studies in Literature I) 1977.

Daemmrich, H. S./I. Daemmrich: Wiederholte Spiegelungen. Themen und Motive in der Literatur, Bern/München 1978.

Frenzel, E.: Stoff- und Motivgeschichte. In: Reallexikon d. dt. Literaturgeschichte ²IV, 1980.

Bisanz, A. J./ R. Trousson: Elemente der Literatur. Beiträge zur Stoff-, Motiv- und Themenforschung. Elisabeth Frenzel zum 65. Geburtstag, 1980.

124

Bibliographien:

Betz, L.-P.: Littérature comparée. Essai bibliographique, 1900, 2ᵉ éd. augmentée, publiée par F. Baldensperger, 1904.
Jellinek, A. L.: Bibliographie der vergleichenden Literaturgeschichte, 1903.
Revue de littérature comparée, hrsg. F. Baldensperger u. P. Hazard, Paris 1921ff (Bibliographische Anhänge, bes. die Rubrik „Thèmes et types").
Bauerhorst, K.: Bibliographie zur Stoff- und Motivgeschichte, 1932. (Vgl. auch unter F. A. Schmitt).
Luther, A.: Deutsches Land in deutscher Erzählung, ²1937.
Ders.: Deutsche Geschichte in deutscher Erzählung, 1940.
Körner, J.: Bibliographisches Handbuch des deutschen Schrifttums, 1949.
Baldensperger, F. / W. P. Friedrich: Bibliography of Comparative Literature, Chapel Hill 1950. – Als Fortsetzung dazu die Bibliographie in: Yearbook of Comparative and General Literature, ebda. 1952ff.
Schmitt, F. A.: Beruf und Arbeit in deutscher Erzählung, 1952.
Luther, A. / H. Friesenhahn: Land und Leute in deutscher Erzählung, 1954. (Zusammenfassung der beiden oben genannten Bde. von A. Luther, verändert u. ergänzt).
Eppelsheimer, H. W. / C. Köttelwesch: Bibliographie der dt. Literaturwissenschaft, 1957ff., für die Berichtszeit seit 1945 unter: „Stoff- und Motivgeschichte/Themen".
Schmitt, F. A.: Stoff- und Motivgeschichte der deutschen Literatur, 1959, ³1976. (Neubearbeitung und Weiterführung der Bibliographie von K. Bauerhorst).

Vgl. auch die bibliographischen Angaben zu den einzelnen Artikeln in E. Frenzel: Stoffe der Weltliteratur, sowie in E. Frenzel: Motive der Weltliteratur.

Quellennachweise

Bisanz, A. J. / R. Trousson: Elemente der Literatur. Beiträge zur Stoff-, Motiv- und Themenforschung. Elisabeth Frenzel zum 65. Geburtstag, 1980.
Blumenthal, L.: Die Prinzessin von Zelle. Abhandlungen d. Sächs. Akademie d. Wissenschaften Leipzig, Phil.-hist. Kl. 56, H. 2, 1963.
de Boor, H.: Die nordischen, englischen und deutschen Darstellungen des Apfelschußmotivs. In: Quellenwerk zur Entstehung der Schweizerischen Eidgenossenschaft, Abt. III, Bd. I, III. Anhang, Aarau 1947; erneut in H. de Boor: Kleine Schriften II, 1966.
Brunet: C. F. Meyer et la nouvelle, Paris 1967.
Carlsson, A.: Teufel, Tod und Tiermenschen. Phantastischer Realismus als Geschichtsschreibung der Epoche, 1978.
Daemmrich, H. S.: Literaturkritik in Theorie und Praxis, 1974.
Daemmrich, H. S. / I. Daemmrich: Wiederholte Spiegelungen. Themen und Motive in der Literatur, 1978.
Ermatinger, E.: Die Idee im Dichtwerk. In: Blätter für deutsche Philosophie, Bd. 2, 1928/29.
Frenzel, E.: Stoffe der Weltliteratur, ⁴1976; dies.: Motive der Weltliteratur, 1976.
Frye, N.: Anatomy of Criticism. Four Essays, 1957. Dt. Übs. von E. Lohner u. H. Clewing unter dem Titel: Analyse der Literaturkritik, 1964.
Helmerking, H.: Hermann und Dorothea. Entstehung, Ruhm und Wesen, Zürich 1948.
Henel, H.: The Poetry of Conrad Ferdinand Meyer, Madison 1954.
Ingarden, R.: Das literarische Kunstwerk, ⁴1972.
Kayser, W.: Das sprachliche Kunstwerk, ¹⁴1969.
Lotman, J. M.: Die Struktur literarischer Texte. Dt. Übs. von R.-D. Keil, 1972; ders.: Die Analyse des poetischen Textes. Dt. Übs. von R. Grübel, 1975.
Petersen, J.: Die Wissenschaft von der Dichtung, ²1944.
Petriconi, H.: Das Reich des Untergangs. Bemerkungen über ein mythologisches Thema, 1958; ders.: Metamorphosen der Träume. Fünf Beispiele zu einer Literaturgeschichte als Themengeschichte. Mit einem Nachwort von M. Kruse, 1971.
Petsch, R.: Gehalt und Form. Gesammelte Abhandlungen zur Literaturwissenschaft und zur allgemeinen Geistesgeschichte, 1925.
Pollmann, L.: Literaturwissenschaft und Methode, ²1973.
Reuter, H.-H.: Fontane, 2 Bde., 1968.
Richard, J.-P.: Onze études sur la poésie moderne, Paris 1964.
Schafarschik, W. [Hrsg.]: Theodor Fontane, Effi Briest – Erläuterungen und Dokumente, 1977.
Schmid, W.: Der ästhetische Inhalt. Utrecht Slavic Studies in Literary Theory I, 1977.
Walzel, O.: Gehalt und Gestalt im Kunstwerk des Dichters, 1925.
Zolling, Th.: Heinrich von Kleist in der Schweiz, 1882.

Bildnachweis

S. 29: aus E. Laaths, Geschichte der Weltliteratur, München 1953, S. 49; aus G. von Wilpert, Deutsche Literatur in Bildern, Stuttgart 1957, S. 185 u. 219; Bibliothek und Archiv für Theatergeschichte; aus M. Grube, Geschichte der Meininger, Berlin–Leipzig 1926. – S. 33: Bibliothek und Archiv für Theatergeschichte Dr. Theobald, Berlin; aus E. Laaths, Geschichte der Weltliteratur, München 1953, S. 543 u. 668. – S. 72: Schiller-Nationalmuseum, Marbach am Neckar; Bildarchiv Preußischer Kulturbesitz, Berlin. – S. 83: E. Frenzel, Berlin. – S. 90: S. Fischer Verlag, Frankfurt a. M.; aus Bordas Encyclopédie 8, Paris 1970, S. 17; Giraudon, Paris. – S. 91: aus G. von Wilpert, Deutsche Literatur in Bildern, Stuttgart 1957, S. 2; Staatsbibliothek Berlin; Richard-Wagner-Gedenkstätte Bayreuth. – S. 100: aus L. Pollmann, Literaturwissenschaft und Methode. Frankfurt a. M. 1971. – S. 102: aus J. H. Campe, Robinson der Jüngere (1779), hrsg. von J. Merkel u. D. Richter, München 1977. – S. 112: Musée Jaquemart-André, Paris. – S. 113: aus Th. Zolling, Kleist in der Schweiz, Stuttgart 1882.

127